Ravensburger Taschenbücher
Band 864

Rolf Krenzer ist Sonderschullehrer und heute Rektor der Otfried-Preußler-Schule in Dillenburg. Bekannt wurde er durch seine vielen Publikationen zum Thema »Spiel und Beschäftigung mit behinderten Kindern«.

Rolf Krenzer

Der kleine Lehrer

Ein heiterer Roman
für alle Kinder,
ihre Eltern und ihre Lehrer

Otto Maier Verlag Ravensburg

Erstmals 1983 in den Ravensburger Taschenbüchern
Lizenzausgabe mit Genehmigung des Georg Bitter Verlages

Redaktion: Regina Vitali
Umschlagentwurf: Hansjörg Langenfass, München

Gesamtherstellung: Elsnerdruck GmbH, Berlin
Printed in Germany

5 4 3 2 1 87 86 85 84 83

ISBN 3-473-38864-5

Inhalt

Ein Lehrer, den niemand an der Schule kennt

Als die Bauleute die große Gesamtschule gebaut hatten, war darauf geachtet worden, daß große Klassen mit vielen Fenstern entstanden, daß genügend Fachräume eingerichtet wurden und daß ein schöner Pausenhof vorhanden war. Für die 42 Lehrer gab es zwei Lehrerzimmer mit einer Teeküche. Der Herr Direktor erhielt ein modern eingerichtetes Dienstzimmer, dem das Konrektorzimmer und das Sekretariat zugeordnet waren. Im Sekretariat arbeitete die Schulsekretärin. Hier hing auch der große Stundenplan, auf dem genau verzeichnet war, welcher Lehrer in welcher Klasse zu unterrichten hatte. Es waren so viele Lehrer an der Schule, daß niemand sich merken konnte, wo jeder einzelne gerade unterrichtete. Deshalb waren alle auf diesen Stundenplan angewiesen. Hier stand zum Beispiel: Herr Müller unterrichtet in der dritten Stunde in der 4a, in der vierten Stunde in der 6b und in der fünften Stunde in der 7a.
Wenn ein Lehrer krank wurde und Vertretungsunterricht eingerichtet werden mußte, standen der Direktor und der Konrektor lange vor dem Stundenplan, überlegten und verglichen und setzten schließlich fest, wer von den Kollegen in der Klasse Vertretungsunterricht übernehmen mußte, welche Klasse früher nach Hause gehen konnte und welches Fach ausfallen mußte. Ohne den großen Stundenplan hätte in der Schule nicht mehr unterrichtet werden können. Keiner hätte mehr gewußt, wo und wann er in die Schule mußte. Deshalb hatten der Direktor und der Konrektor schon in den Sommerferien damit begonnen, den Stundenplan für das nächste Schuljahr zusammenzustellen, damit vom ersten Schultag an alles reibungslos lief, die Kinder ihren Un-

terricht bekamen und die Lehrer wußten, wo sie ihre Schüler finden konnten und welche Fächer sie zu geben hatten.

Alle Lehrer, die an der Gesamtschule unterrichteten, waren in der großen Lehrerkartei erfaßt, die im Sekretariat stand. Wenn ein Lehrer gesucht wurde, schaute die Sekretärin in der Lehrerkartei nach und verglich den Namen mit dem auf dem großen Stundenplan, bis sie herausgefunden hatte, wo der Lehrer im Augenblick war. Dann meldete sie: »Herr Schneider ist jetzt in der Klasse 8b und hat um 11.30 Uhr Pause.«

Danach nahm sie das Mikrofon auf ihrem Schreibtisch in die Hand, stellte die Sprechanlage ein und sagte: »Herr Schneider bitte in der 11.30-Uhr-Pause zum Herrn Direktor kommen!« Das hörte man in allen Klassen, und jeder wußte Bescheid. Die Lehrer und die Schüler. Und pünktlich erschien Herr Schneider in der Pause im Dienstzimmer des Direktors. Alle Lehrer waren erfaßt, und alle Schüler waren erfaßt. So gehört sich das in einer großen Gesamtschule.

Aber einer war nicht erfaßt. Einer wohnte in der Schule, und kein Direktor, kein Konrektor, keine Schulsekretärin, kein Lehrer und kein Schüler wußten von ihm. Nicht einmal der Hausmeister, der eigentlich immer alles wußte, manchmal sogar mehr als der Direktor und die Schulsekretärin. Der Hausmeister wohnte in einem Häuschen neben der Schule und wußte genau, wer zur Schule gehörte. Er kannte jeden Lehrer, und er kannte fast alle Schüler. Wenigstens diejenigen, die ihm aufgefallen waren, weil sie heimlich im Klo geraucht oder während der Pause Fußball gespielt hatten. Andere hatten Papier auf den Schulhof geworfen oder sich gezankt. Eigentlich kannte der Hausmeister alle Schüler. Vielleicht nicht mit Namen, doch er konnte ganz genau

unterscheiden, ob ein Schüler oder eine Schülerin zur Schule gehörte oder nicht. Er meinte: »Ich sehe denen das an!« Und er hatte fast immer recht.
Aber den kleinen Lehrer kannte auch der Hausmeister nicht. Als die Bauleute die große Gesamtschule gebaut hatten, hatte ein Maurerlehrling den klugen Architekten einen Streich gespielt. Er hatte nämlich in der Mittagspause, als alle weggegangen waren und Wurst, Brötchen und Bier kauften, heimlich in einem Abstellraum hoch oben unter dem Dach eine Wand eingezogen. Er hatte sich sehr beeilt und ein winziges Zimmer gebaut, das ein Fenster hatte und durch eine Mauer von dem Abstellraum getrennt war. An der rechten Seite der Trennmauer hatte er einen kleinen Durchschlupf gelassen, den er mit Steinen auffüllte, aber so, daß niemand merkte, daß diese Steine herausgenommen werden konnten.
Der Maurerlehrling war schlau. Immer, wenn er keine Lust zum Arbeiten hatte, verdrückte er sich heimlich in die Abstellkammer. Er wartete, bis niemand ihn beobachten konnte. Dann nahm er die Mauersteine aus der Öffnung heraus, schlüpfte durch das Loch in das kleine Zimmer, baute hinter sich die Steine wieder auf und legte sich auf einem Bündel Zeitungen, das er dorthin geschafft hatte, gemütlich zur Ruhe. Er schlief ein halbes Stündchen, dann verließ er den kleinen Raum wieder so, wie er ihn betreten hatte, und machte sich an die Arbeit. Drei Monate lang gelang es ihm auf diese Weise, jeden Tag ein kleines zusätzliches Schläfchen zu halten, ohne daß je einer etwas davon bemerkt hatte. Aber eines Tages war die Arbeit beendet, und der Maurerlehrling mußte zu einem anderen Neubau. Nach seinem letzten Mittagsschläfchen in dem verborgenen Raum steckte er die Steine wieder in die Öffnung,

kehrte den ganzen Abstellraum noch einmal gründlich aus und ging dann zu seinem Meister. Er arbeitete bis zum späten Nachmittag, und am nächsten Tag begann er mit der Arbeit an der neuen Baustelle.
Es kamen andere Handwerker in die Schule. Sie verputzten die Wände, tapezierten, malten und verrichteten alle notwendigen Arbeiten, die in einem neuen Haus getan werden müssen. In den Abstellraum schauten sie einmal hinein und setzten auch eine Tür ein. Aber sonst kümmerten sie sich wenig um diesen Raum.
Dann kamen die Putzfrauen und reinigten alle Räume, auch den Abstellraum. Danach wurden einige Lehrmittel in den Abstellraum gebracht. Der Hausmeister schloß ihn ab und kümmerte sich nicht weiter um ihn. Die Lehrmittel waren schon so veraltet, daß sie nicht mehr gebraucht wurden. Weil sie aber noch so gut erhalten waren, wollte niemand sie fortwerfen. Deshalb wurden sie im Abstellraum unter dem Dach gelagert. Vielleicht konnte sie ja doch noch einmal jemand gebrauchen. Sie wurden vergessen. Und weil die Putzfrauen mit ihrer Arbeit schnell fertig werden wollten, kümmerten sie sich auch nicht mehr um diesen Abstellraum, der sowieso von keinem Lehrer aufgesucht wurde.
Kein Mensch merkte, daß der Abstellraum ein Fenster zuwenig hatte. Wie sollte das auch auffallen! Schließlich hatte die neue Gesamtschule insgesamt 423 große Fenster. Die mußten von einer Fensterreinigungsfirma geputzt werden. Manchmal wurde auch eine Scheibe kaputtgeworfen. Dann mußte eine andere Firma kommen und eine neue einsetzen. Das 424. Fenster wurde völlig übersehen. Und weil es so hoch unter dem Dach war, wurde es auch nicht von einem Stein getroffen.
Nur einmal wunderte sich der Hausmeister, als er an ei-

nem Morgen beim Schneeschippen nach oben blickte, daß an einem Fenster der großen Gesamtschule direkt unter dem Dach eine weiße Gardine und rotgeblümte Vorhänge angebracht waren. Aber weil das Schneeschippen ihn so anstrengte und er sich sehr beeilen mußte, vergaß er das schnell wieder. Er guckte auch später nicht mehr so genau dorthin, weil er sich mit der Zeit an den Anblick der ganzen Schule so gewöhnt hatte, daß er meinte, auch das Fenster mit den rotgeblümten Vorhängen müsse so und nicht anders dazugehören. Er dachte nicht mehr darüber nach. Und weil es unten so viel für ihn zu tun gab, schaute er nicht mehr nach oben. Wäre eine Scheibe kaputt gewesen, hätte er das natürlich sogleich bemerkt. Aber da dort oben alles in gewohnter Ordnung war, war es ihm gerade recht so. Die Schüler und Schülerinnen waren den ganzen Schultag über so mit sich selbst beschäftigt, daß ihnen nichts auffiel. Und wenn es ihnen aufgefallen wäre, hätten sie sicherlich nicht weiter darüber nachgedacht, denn in einer großen Gesamtschule gibt es so vieles, was die Schüler nicht verstehen, daß sie gar nicht auf die Idee kommen, darüber nachzudenken. Und der Herr Direktor hatte ganz andere Dinge im Kopf, als nach rotgeblümten Vorhängen Ausschau zu halten. Der Konrektor war kurzsichtig, und die Sekretärin interessierte sich nur für das, was schwarz auf weiß geschrieben stand oder geschrieben werden mußte. Dazu gehörten jedenfalls keine rotgeblümten Vorhänge an einem Fenster unter dem Dach.

Die rotgeblümten Vorhänge hatte der kleine Lehrer aufgehängt.

Etwas muß noch berichtet werden: An einem Morgen vermißte der Hausmeister seinen Generalschlüssel, mit dem er alle 312 Türen der Gesamtschule öffnen und schließen konnte. Er suchte danach in der Hausmeisterküche, im Hausmeisterwohnzimmer, im Hausmeisterschlafzimmer und im Hausmeisterklo, doch er konnte ihn nicht finden. Dann suchte er den ganzen Pausenhof ab. Weil es aber Zeit wurde und er die große Eingangstür öffnen mußte, holte er sich seinen Ersatzschlüssel und befestigte diesen an dem Schlüsselring, an dem auch sein Auto- und sein Wohnungsschlüssel hingen. Beim Mittagessen schimpfte er mit seiner Frau, weil die vielleicht den Schlüssel verlegt hatte. Aber die Hausmeistersfrau hatte den Schlüssel weder gesehen noch verlegt. Die Sache war dem Hausmeister peinlich. Nachdem er noch einmal gründlich gesucht, aber keinen Schlüssel gefunden hatte, rief er die Schlüsselfirma an und bestellte einen Ersatzschlüssel für seinen Ersatzschlüssel. So wurde der Ersatzschlüssel zum Hauptschlüssel. Der Hausmeister hatte wieder zwei Schlüssel, einen, den er immer brauchte, und einen für den Fall, daß der Hauptschlüssel nicht zu finden war. Weil jetzt wieder alles seine Ordnung hatte, vergaß der Hausmeister bald die ganze Angelegenheit. Der Generalschlüssel, den der Hausmeister so verzweifelt gesucht hatte, hing am Schlüsselbrett in dem kleinen Raum mit dem rotgeblümten Vorhang. Der kleine Lehrer hatte ihn dort hingehängt.

Wenn jemand den Raum hinter der Abstellkammer betreten hätte, hätte er sich sehr gewundert. Hier war nämlich eine richtige kleine Wohnung eingerichtet. Der Durchschlupf war so ausgebaut worden, daß eine winzige Tür hineinpaßte. Die Tür war von der einen Seite so geschickt bemalt worden, daß sie wie ein Stück Mauer aussah. Wer den Abstellraum betrat, konnte mit dem besten Willen nicht erkennen, daß ein Stück Mauer gar keine Mauer war, sondern eine Tür. Die andere Seite der

Tür war gelb angestrichen. Die ganze Tür war noch nicht einmal einen Meter hoch.
Das kleine Zimmer selbst war mit einer bunten Tapete tapeziert. An der einen Wand stand ein altmodischer kleiner Küchenschrank. Daneben befand sich ein kleines Bett, das jemand liebevoll blau angestrichen hatte. Vor dem Fenster stand ein ausgedienter Schultisch und ein wackliger Schulstuhl. Beide waren so alt, daß sie wohl durch Zufall mit in die neue Schule gekommen waren. Ein verblichener roter Teppich lag auf dem Fußboden. An der anderen Wand stand ein kleiner elektrischer Herd mit einem Backofen. Es war ein moderner Herd, der eigentlich überhaupt nicht in diese winzige Wohnung paßte. Diese Herde gibt es in Kaufhäusern zu kaufen. Sie werden als Kinderherde angeboten, und viele Kinder lernen wirklich darauf kochen. Neben dem Herd stand eine uralte Kommode und auf der Kommode eine Waschkanne mit einer Waschschüssel. Solche Waschschüsseln haben unsere Urgroßeltern im Schlafzimmer gehabt, als es noch keine Wasserleitungen in den Häusern gab. In diesem kleinen Zimmer gab es natürlich auch keine Wasserleitung.
In der rechten Zimmerecke war ein grüner Vorhang angebracht. Dahinter hingen Anzüge, Hosen und Hemden, Pullover und zwei Mäntel, ein Winter- und ein Sommermantel. Alle Sachen waren so klein, daß sie bequem einem Schüler im dritten Schuljahr gepaßt hätten. Es waren aber Kleidungsstücke, wie sie von Erwachsenen getragen werden. An den Wänden hingen einige Postkarten. In der Kommode waren Strümpfe, Unterhosen und Unterhemden. Auf dem Küchenschrank standen eine gelbe Blechkaffeekanne und eine blaugemusterte Tasse mit Untertasse. Im Schrank gab es kleine Töpfe, Pfannen und Schüsseln.

Vor dem Fenster auf der Fensterbank war ein großer Blumenkasten aufgestellt. Doch dort wuchsen keine Blumen. Hier hatte jemand einen kleinen Garten angelegt. Es wuchsen Petersilie, Schnittlauch, Gartenkresse und Radieschen. Neben dem Blumenkasten stand eine kleine rote Gießkanne, die bis oben mit Wasser gefüllt war.

Hier wohnte der kleine Lehrer.

Niemand, nicht der Direktor und der Konrektor, nicht die Schulsekretärin und der Hausmeister, nicht ein einziger Lehrer, kein Schüler und keine Schülerin, keine Putzfrau, niemand wußte, daß oben unter dem Dach neben dem Abstellraum hinter einem Fenster mit rotgeblümten Vorhängen eine winzige Wohnung war. Eine Schule wird gebaut, damit dort Kinder von Lehrern unterrichtet werden. Eine Schule hat Klassenzimmer und Fachräume. Eine Schule ist ein öffentliches Gebäude. Wer denkt daran, daß ausgerechnet in einer großen Gesamtschule hoch oben unter dem Dach eine Wohnung eingerichtet wurde!

Und doch wohnte in der Gesamtschule in der kleinen Wohnung hinter dem Abstellraum jemand, der in keiner Kartei stand und der erst recht nicht in der Schule wohnen konnte, weil es in der Schule keine Wohnungen gibt. In der winzigen Wohnung, die es eigentlich gar nicht geben konnte, wohnte der kleine Lehrer.

Nachts tut sich was

Als am Abend des 26. März der Krimi im Fernsehen zu Ende war, gähnte der Hausmeister herzhaft, stand auf und ging zum Fenster des Hausmeisterwohnzimmers, um noch einen Blick auf die große, dunkle Gesamtschule zu werfen, für deren Sicherheit er verantwortlich war. Jeden Abend ging er zum Fenster, zog den Vorhang zurück und vergewisserte sich, daß in der Schule alles in Ordnung war. Manchmal machte er auch abends noch einen Rundgang. Dann pfiff er seinem Cockerspaniel, dem Cerox, und ging mit ihm zusammen über den Pausenhof bis zur großen Eingangstür und wieder zurück. Im Winter ging er auch noch in die Schule hinein, um nachzusehen, ob die Heizung lief und ob die Putzfrauen nicht vergessen hatten, ihre Putzeimer und Bohnermaschinen wieder in die Putzräume zurückzustellen.

Der Hausmeister war müde. Er hatte beim Fernsehen seine Schuhe ausgezogen und wollte jetzt in der kurzen Pause vor den Spätnachrichten nur noch einmal zur Schule hinübersehen.

»Bring dich nicht um vor Eifer!« sagte die Hausmeistersfrau und gähnte ebenfalls. »Die Einbrecher haben bestimmt auch den Krimi im Fernsehen gesehen. Sie kommen heute nicht mehr!«

Der Hausmeister lachte, zog dann die Vorhänge zurück und blickte nach draußen. Zuerst konnte er gar nichts erkennen, doch dann erstarrte er plötzlich und preßte sein Gesicht dicht an die Scheibe.

»Konrad!« schrie die Hausmeistersfrau ärgerlich. »Paß doch auf! Ich habe die Scheiben heute geputzt!«

Der Hausmeister hörte nicht hin. Er stand ganz still und atmete schwer. Dann drehte er sich um. Seine Stimme zitterte, so aufgeregt war er. »Im Sekretariat und im Dienstzimmer des Direktors brennt Licht!« Er konnte kaum sprechen.

»Das werden die Putzfrauen angelassen haben!« versuchte ihn seine Frau zu beruhigen.

»Unmöglich!« stellte der Hausmeister fest. »Ich habe

vor dem Krimi noch nachgesehen. Da waren die Putzfrauen längst weg!«
»Das kann doch nicht sein!« sagte die Hausmeistersfrau und erhob sich aus ihrem Sessel. Sie stellte sich neben ihren Mann, hielt die Hand ein wenig gegen die Scheibe und starrte ebenfalls hinaus. »Tatsächlich!« sagte sie. »Es brennt noch Licht! Du mußt es ausknipsen!«
Der Hausmeister dachte nach. »Wo Licht brennt, was vorher nicht gebrannt hat, muß jemand sein, der es angeknipst hat«, folgerte er schließlich.
Seine Frau nickte. Die Erklärung war logisch und richtig. »Vielleicht der Direktor . . .«, meinte sie zögernd.
»Niemals!« sagte der Hausmeister. »Seitdem ich an dieser Schule arbeite, ist der Herr Direktor noch nie abends allein in der Schule gewesen. Manchmal war er zu einem Elternabend da. Aber allein in der Schule! Jetzt um 11 Uhr abends!«
»Schau doch nach!« forderte ihn die Hausmeistersfrau auf.
Der Hausmeister blickte sie überrascht an. »Ich? Jetzt? Ganz allein?« Er zögerte, bückte sich aber dann doch, um nach seinen Schuhen zu suchen. »Ob ich vielleicht die Polizei anrufe?«
Seine Frau versuchte, ihn zu beruhigen. »Es kann doch alles ganz harmlos sein. Vielleicht ist das Licht von selbst angegangen!«
»Licht geht nicht von selbst an!« erklärte der Hausmeister und ärgerte sich ein wenig über die Dummheit seiner Frau. »Ein Lichtschalter muß angeknipst werden. Jemand muß ihn mit der Hand anknipsen. Sonst brennt kein Licht!«
»Vielleicht hast du dich heute abend geirrt. Vielleicht hast du nicht bemerkt, daß im Sekretariat noch Licht brannte!«

»Ich irre mich nie!« sagte der Hausmeister energisch und beendete damit die Diskussion.
»Du kannst aber doch nicht die Polizei hierher bestellen, wenn vielleicht überhaupt nichts los ist!« versuchte es die Hausmeistersfrau noch einmal.
Doch der Hausmeister hatte wohl selbst eingesehen, daß er zuerst einmal nachsehen mußte, ob jemand durch die Eingangstür hineingegangen war, ob die Tür aufgebrochen oder noch verschlossen war.
»Cerox! Bei Fuß!« befahl er. Der Hund kam sofort und wedelte freudig mit dem Schwanz. Das sah ja ganz so aus, als würde er heute abend noch zu einem kleinen Spaziergang kommen. Der Hausmeister stürmte zur Tür und griff nach dem Spazierstock, der im Schirmständer steckte. Er wollte für alle Fälle gerüstet sein. Dann riß er den Hauptschlüssel vom Schlüsselbrett und stapfte los. Cerox folgte ihm.
»Zieh dir wenigstens den Mantel an. Es ist kalt draußen!« rief ihm die Hausmeistersfrau nach. Doch der Hausmeister hörte nichts mehr. Entschlossen stürmte er mit eiligen Schritten über den Pausenhof auf die große Eingangstür zu.
In dem Augenblick, als er den Schlüssel in das Schlüsselloch steckte und ihn vorsichtig herumdrehte, ging im Sekretariat das Licht aus.
Der Hausmeister hastete die Stufen zum Sekretariat hinauf. Im Haus war es totenstill. Nur seine eigenen Schritte waren zu hören, dazu die leichten Tapser von Cerox. Als er die Türklinke zum Sekretariat herunterdrücken wollte, stellte er fest, daß die Tür verschlossen war. »Natürlich!« meinte er und schlug sich leicht gegen seine Stirn. »Ich habe ja selbst zugeschlossen!« Er steckte den Schlüssel ins Schloß und sperrte die Tür auf. Es war stockdunkel im Raum. Der Hausmeister tastete

nach dem Lichtschalter, drückte einmal leicht, und schon breitete sich Licht im Zimmer aus.
Zur gleichen Zeit stand die Hausmeistersfrau im Wohnzimmer am Fenster und schüttelte den Kopf. »Da drüben spukt es!« sagte sie zu sich selbst. »Zuerst brannte das Licht, dann ging es aus, und jetzt brennt es wieder!« Rasch entschlossen schritt sie durchs Zimmer, ging in den Flur und legte für alle Fälle den Sicherheitsriegel vor die Haustür. »Sicher ist sicher!« sagte sie und eilte zurück ans Wohnzimmerfenster.
Jetzt entdeckte sie hinter dem erleuchteten Fenster des Sekretariats eine schwarze Gestalt. Sie erschrak so sehr, daß sie beide Hände vor den Mund preßte.
Nun hob die schwarze Gestalt die rechte Hand und winkte auch noch zu ihr herüber.
»Das ist der Gipfel!« japste die Hausmeistersfrau. Doch dann erkannte sie, daß die schwarze Gestalt niemand anderes als ihr Mann war, der ihr beruhigend zuwinkte: Alles in Ordnung!
Die Hausmeistersfrau atmete auf. Dann stöhnte sie noch einmal kurz und ging zu ihrem Sessel zurück. Im Fernsehen waren die Spätnachrichten schon fast vorbei.
Der Hausmeister untersuchte inzwischen gründlich den Schreibtisch, den Schrank, das Bücherregal und all die vielen Dinge, die im Sekretariat herumstanden. Er suchte auch im Direktorzimmer nach verräterischen Spuren. Doch sosehr er auch suchte, er konnte nichts finden. Alles stand unverändert an seinem Platz. Nichts war aufgebrochen oder umgeworfen. Er zuckte mit den Schultern und glaubte fast selbst, daß seine Frau recht gehabt hatte und das Licht von allein angegangen war.
Cerox tobte währenddessen im Treppenhaus herum. Er schnüffelte und bellte freudig. Keine Spur von irgend

etwas Ungewöhnlichem. Sonst hätte Cerox böse gebellt.
Der Hausmeister konnte nicht wissen, daß Cerox zum nächsten Treppenabsatz hinaufgerannt war und dort einen kleinen Mann begrüßte, der ihm gut bekannt war und den er ganz besonders gern mochte.
»Pst! Ruhig! Ganz ruhig!« flüsterte der kleine Mann und strich dem Hund zärtlich über das Fell. »Ganz ruhig, mein Großer!«
Cerox leckte mit Ausdauer die Hand seines Freundes. Dann wedelte er noch einmal kräftig und lief die Treppe hinunter zum Sekretariat. Schließlich mußte er sich ja auch um die geheimnisvolle Sache kümmern, in die sein Herr spätabends nach dem Fernsehkrimi noch verwikkelt worden war. Der Hausmeister hatte inzwischen im Sekretariat und im Dienstzimmer festgestellt, daß nichts fehlte oder beschädigt worden war. »Auf, Cerox!« meinte er. »Jetzt gehen wir aber schlafen!« Dann knipste er das Licht aus und schloß die Tür zum Sekretariat zu. Er schaltete die Treppenbeleuchtung ein, pfiff seinem Hund, der schon wieder nach oben verschwunden war, und machte sich auf den Weg zur Eingangstür. Dort wartete er noch ein wenig, weil Cerox nicht sofort nachkam. Aber dann drehte er den Schlüssel zweimal herum und ging, dicht gefolgt von seinem Hund, zu seiner Hausmeisterwohnung zurück.
Der kleine Lehrer wartete auf dem Treppenabsatz, bis der Hausmeister die Eingangstür zugeschlossen hatte. Dann eilte er die Treppen hinauf bis zur Abstellkammer. Er zog seinen Schlüssel aus der Tasche, öffnete die Tür, ging hinein und schloß sie sorgfältig wieder hinter sich. Darauf öffnete er die Mauertür zu seiner Wohnung, schlüpfte durch die kleine Öffnung und verschwand in seinem Zimmer. Er zog die Tür hinter sich zu.

Der Mond schien genau in das Zimmer hinein. Der kleine Lehrer ging schnurstracks auf das Fenster zu, stieg auf den Stuhl, dann auf den Tisch und griff nach einer Schnur, die am Fenster herunterhing. Er zog kräftig daran, und sogleich gelang es ihm, mit einem Rollo das Fenster so gut zu verschließen, daß kein Lichtschein von außen nach innen, aber auch keiner von innen nach außen gelangen konnte. Dann kletterte er vorsichtig vom Schultisch herunter und knipste eine kleine Lampe mit einem grünen Schirm an, die auf der linken Seite des Tisches stand. Er atmete heftig, schnaubte einmal kräftig in sein Taschentuch und holte dann aus seiner Jackentasche ein kleines Notizbuch heraus, das er vor sich auf den Tisch legte.

»O weh!« sagte er leise zu sich selbst. »Das wäre ja fast schiefgegangen! Was hätte alles passieren können!« Er seufzte tief. Dann ging er zu dem altmodischen Küchenschrank und öffnete das linke Fach. Er suchte dort herum und förderte nachdenklich einen Apfel zutage, den er an seiner Hose blankrieb. Als er so blank war, daß er spiegelte, biß er kräftig hinein.

Er setzte sich an den Schultisch, klappte das Notizbuch auf und biß noch einmal in den Apfel. Dann legte er ihn auf den Deckel des Tintenfasses, aber so, daß er nicht hinunterrollen konnte. Er rieb sich die Hände, summte mit vollem Mund zufrieden vor sich hin und brummelte: »Es war zwar gemein, doch was sein muß, muß sein!« Danach vertiefte er sich in das, was er im Sekretariat aufgeschrieben hatte. Er griff nach einem großen Blatt Papier, das im Schubkasten unter dem Tisch lag, nahm einen Bleistift, spitzte ihn sorgfältig und begann, einiges aus dem Notizbuch auf das Papier zu schreiben. Während er schrieb, seufzte er manchmal. Er brummte zu einigem zustimmend, gab bei anderen Notizen laut

zum Ausdruck, daß ihm das gar nicht behagte. Er war an diesem Abend sehr fleißig gewesen. Den riesigen Stundenplan, an dem der Herr Direktor und der Herr Konrektor eine ganze Woche lang gearbeitet hatten, hatte er abgeschrieben. Alle 42 Lehrer, ihre Unterrichtsstunden und ihre Klassen hatte der kleine Lehrer in seinem Notizbuch erfaßt. Jetzt übertrug er seine Aufzeichnungen auf einen Stundenplan, den er auf das Papier gezeichnet hatte. Und weil der kleine Lehrer auch sehr klein schreiben konnte, gelang es ihm, den riesigen Stundenplan auf dem einen Blatt Papier unterzubringen.
Er schrieb und schrieb. Er arbeitete bis 2.43 Uhr. Dann war er endlich fertig. Die Finger taten ihm weh vom Schreiben. Aber er hatte es geschafft. Jetzt wußte der kleine Lehrer ebensogut Bescheid wie der Direktor. Wenn er wissen wollte, wo zum Beispiel der Lehrer Lotz an einem bestimmten Tag um 10 Uhr ist, brauchte er nur auf seinen Stundenplan zu schauen und konnte sofort feststellen, daß Herr Lotz genau um 10 Uhr Mathematik in der Klasse 5b in Raum 26 unterrichtet.
In dieser Nacht wurde der kleine Lehrer überhaupt nicht müde. Er zählte, wieviel Stunden jeder Lehrer zu geben hatte, und schüttelte nachdenklich den Kopf, wenn er feststellte, daß einige Klassen viel zuwenig Unterricht hatten. »Die Kinder lernen zuwenig!« sagte er. »Bestimmt würden sie besser und lieber lernen, wenn sie mehr Zeit dafür in der Schule hätten!« Dann seufzte er wieder. »Ja, wenn jeder Lehrer nur zwei Stunden länger arbeiten könnte, hätten alle Kinder ihren vollen Unterricht. Dann bliebe sogar Zeit, um in der Klasse einmal zu spielen und zu singen!« Jetzt klopfte er böse mit der Faust auf den Tisch. »Da! Da haben wir's! In der Klasse 4c sind alle Sportstunden gestrichen! Ausgerechnet Sport! Und dabei ist Sport so wichtig.«

Mit seinem dicken, kurzen Zeigefinger fuhr er an einer anderen Spalte entlang. »Und hier! Das gibt es doch nicht! Die Klasse 3b hat zwei Stunden lang überhaupt keinen Unterricht!« Er schüttelte den Kopf, rechnete, überprüfte alles noch einmal, rechnete wieder, schüttelte erneut den Kopf. Dann stützte er den Kopf auf seinem kurzen, dicken Arm auf und überlegte.
»Ich bin doch hier richtig! Ich bin doch hier in einer Gesamtschule, in der alles in bester Weise geplant wird. Eine ganze Woche lang arbeiten Direktor und Konrektor an diesem Plan. Seit August läuft der gesamte Unterricht nach diesem Plan. Seit August ist alles geregelt.« Er schüttelte wieder den Kopf. Dann stand er auf und ging im Zimmer hin und her. Vom Fenster zur Tür. Von der Tür zum Fenster. Er blieb stehen, klatschte laut beide Hände zusammen, zuckte mit den Schultern und ging wieder weiter. Hin und her, hin und her.
»Das gibt es doch nicht! Das kann es doch gar nicht geben!« sagte er und blieb an seinem Tisch stehen. »Die Klasse 3b hat mittwochs von 8 bis 8.45 Uhr Deutsch bei Frau Klages. Von 8.50 Uhr bis 9.35 Uhr hat die Klasse Rechnen bei Herrn Hain. Anschließend ist Pause bis 10 Uhr. Und dann? Dann hat die Klasse Unterricht bei niemandem. Hier ist kein Lehrer eingetragen. In der fünften Stunde ist dann wieder Herr Hain mit Sachkunde in der Klasse.«
Jetzt wurde der kleine Lehrer richtig laut, so erregte er sich. »Das kann es doch nicht geben. Seit August haben die Kinder in jeder Woche zwei Stunden lang überhaupt keinen Lehrer. Da kann doch alles mögliche passieren. Wer hat denn da Aufsicht?« Der kleine Lehrer holte einen dicken Rotstift aus seiner Schublade und umrahmte die beiden Stunden so nachdrücklich, daß der Stift dabei abbrach. »Das stinkt zum Himmel!« donnerte er und

schlug mit der Faust so fest auf den Tisch, daß der ganze Tisch wackelte und der Apfel vom Tintenfaßdeckel abrutschte und auf den Fußboden fiel. »Da meint man nun, man lebt in einer durchorganisierten Gesamtschule, in der alles zum Besten der Kinder geplant ist. Und hier, die Klasse 3b kommt jeden Mittwoch zur Schule, um zwei Stunden lang überhaupt keinen Unterricht zu haben. Kein Mensch hat das bemerkt. Kein Lehrer, keine Sekretärin, kein Konrektor und kein Direktor!«

Der kleine Lehrer konnte es einfach nicht fassen. Er setzte sich wieder auf seinen Stuhl und grübelte. Er grübelte bis 4.12 Uhr. Dann faßte er einen Entschluß.

Er suchte ein zweites Stück Papier aus seiner Schublade, spitzte wieder seinen Bleistift und schrieb, diesmal mit großen Buchstaben:

»Sehr geehrter Herr Direktor, wissen Sie eigentlich, daß in Ihrer großen und hervorragend geplanten Gesamtschule der Wurm drinsteckt? Überlegen Sie einmal! Fangen Sie den Wurm!

Mit vorzüglicher Hochachtung!
Der kleine Lehrer«

Er faltete den Brief sorgfältig zusammen, steckte ihn in seine Jackentasche und verließ das Zimmer durch die kleine Tür. Er schlich durch die Abstellkammer, schloß die Tür auf und eilte, so schnell er konnte, die Treppe hinunter bis zum Sekretariat. Auch hier öffnete er die Tür, knipste das Licht an, ging weiter bis zum Dienstzimmer des Direktors und legte den Brief mitten auf den Schreibtisch. Dort würde ihn der Direktor bestimmt am nächsten Morgen finden.

Er verschloß die Tür schnell hinter sich, raste die Treppen hinauf, schoß durch den Abstellraum, vergewisserte sich noch einmal, daß er die Tür hinter sich abgeschlossen hatte, und schlüpfte dann in seine Wohnung. Blitzschnell zog er sich aus und ließ sich ins Bett fallen. Doch er stand noch einmal auf, holte aus dem Küchenschrank vier Reißzwecken und pinnte den Stundenplan an die Wand. Bevor er das Licht ausknipste, meinte er zufrieden: »Klein, aber fein!« und betrachtete den Stundenplan an der Wand über seinem Bett liebevoll. Dann schlief er sanft und mit gutem Gewissen ein.

Er schlief genau bis 6.13 Uhr. Mit einem Satz fuhr er in die Höhe. »Das ist ja furchtbar!« rief er aus. »Heute ist ja Mittwoch. Der Direktor findet bestimmt nicht bis zur dritten Stunde heraus, wo in seinem Plan der Wurm steckt. Vielleicht findet er es überhaupt nicht heraus!«

Er sprang aus seinem Bett, eilte zum Fenster und ließ das Rollo hoch. »Da hilft alles nichts!« sagte er. »Da muß ich selbst in die Klasse!«

Im Nachthemd flitzte er durch die kleine Tür in die Abstellkammer. Er stöberte in den alten Schulbüchern herum, bis er endlich ein Buch fand, das ihm zu gefallen schien. »Das werde ich nehmen!« sagte er zu sich selbst. »Geschichten für das 3. Schuljahr!«

Er packte das Buch, ging in sein Zimmer und legte sich zunächst einmal damit ins Bett. Schließlich hatte er noch viel Zeit bis zur dritten Stunde. Er wollte sich vor allem gründlich vorbereiten. Es war schon ziemlich lange her, daß der kleine Lehrer eine Unterrichtsstunde gegeben hatte. Er freute sich sehr darauf, aber er hatte auch ein bißchen Angst.

Um 6.45 Uhr schaute der Hausmeister aus dem Schlafzimmerfenster zur Schule hinüber. »Mich laust der Affe!« schrie er. »Im Sekretariat brennt Licht!«

Der kleine Lehrer in der 3b

Als es zum Stundenbeginn nach der großen Pause schellte, gingen alle Schüler zurück in die Klassen. Die Lehrer tranken im Lehrerzimmer schnell den letzten Schluck aus ihren Kaffeetassen, suchten ihre Bücher und Hefte zusammen und machten sich auf den Weg. Manche hatten weit zu laufen, bis sie in der großen Gesamtschule die einzelnen Klassen erreicht hatten. Fünf Minuten nach dem Schellen war kein Laut mehr auf den Fluren zu hören. Die Schüler saßen in ihren Klassenzimmern, und die Lehrer unterrichteten. In jeder Klasse war ein anderer Lehrer. Der eine rechnete mit den Schülern, der andere ließ ein Diktat schreiben, ein dritter erzählte von Karl dem Großen und seinem Krieg gegen die Sachsen.

Lärm war nur noch in einem entfernten Winkel der Schule zu hören. Die Kinder der Klasse 3b ließen sich nämlich Zeit, in ihr Klassenzimmer zu gehen. Sie tobten auf dem Flur, spielten Nachlauf und beeilten sich überhaupt nicht. Warum sollten sie sich auch beeilen? Zwei Stunden lang waren sie sich selbst überlassen. Die Kinder hatten sich an diesen Zustand gewöhnt und auch schnell herausgefunden, wie sie sich beschäftigen konnten, wenn kein Lehrer da war. Sie spielten in der Klasse, schwätzten, rauften und machten Krach. Wenn die Klassentür geschlossen war, hörte man ihren Lärm nicht so sehr. Jedenfalls hatte das bis zu diesem Tag noch keinen Menschen weiter gestört. Es hatte sich niemals ein Lehrer in der Klasse 3b blicken lassen. Zum Glück war auch bisher noch nichts passiert.

Aber an diesem Tag war alles ganz anders. Kristina öffnete als erste die Klassentür. Sie ging einen Schritt in den Klassenraum hinein, erstarrte, blieb einen Augenblick verdutzt stehen, drehte sich blitzschnell herum, flitzte zurück in den Flur und ließ die Klassentür laut hinter sich zuklappen. »Da drin ist einer!« sagte sie zu den anderen.

Sofort war Kristina von den Kindern umringt. »Wer ist da drin?«

Kristina schluckte. »Auf dem Lehrertisch sitzt ein kleiner Mann!«

Ihre Mitschüler schauten sie zweifelnd an. Und Sven sagte deutlich, was die anderen vielleicht dachten: »Du spinnst!«

Doch Kristina sagte er noch einmal: »Auf dem Lehrertisch sitzt ein kleiner Mann!«

Jetzt lachten die anderen.

»Kristina sieht Gespenster!« meinte Olaf.

Und Dagmar, Kristinas beste Freundin, stellte fest: »Den kleinen Mann hast du im Ohr!«

»Guckt doch selber nach!« sagte Kristina.

Seltsam, nun getraute sich niemand. Alle standen unschlüssig um Kristina herum. Keiner wußte, was nun geschehen sollte. Olaf blickte zu Mark hinüber, Mark zu Ingo, und Ingo stieß endlich Sven in die Seite. »Geh du doch mal rein!«

Sven war nicht begeistert. »Ist es ein Lehrer?« fragte er zunächst einmal.

Kristina zuckte mit den Schultern.

»Wie sieht er denn aus?« wollte Uschi wissen.

»Eben klein. Ein bißchen komisch!«

»Und er sitzt wirklich auf dem Lehrertisch?«

»Mitten auf dem Lehrertisch!« Kristina nickte. Sie erinnerte sich genau, daß sie den kleinen Mann dort gesehen hatte. Dann fiel ihr noch etwas ein. »Er hat einen Bart und einen gelben Hut auf dem Kopf!«

Das hätte sie nicht sagen sollen! Jetzt brach ein Geläch-

ter los. So laut, so gemein, so höhnisch, daß Kristina nahe daran war, in Tränen auszubrechen. Die Kinder lachten und johlten. Sie kreischten und machten sich über Kristina lustig.
Olaf, der Poet, hatte sofort einen Reim auf Lager. Er stellte sich vor Kristina, streckte seinen Zeigefinger hoch und schrie:

»Kristina braucht 'ne Brille,
denn sie sieht nicht mehr gut.
Sie hat 'nen kleinen Mann gesehn
mit einem gelben Hut!«

Er brauchte es nur zweimal zu sagen, da hatten die anderen den Vers schon gelernt. Sie faßten sich an den Händen, liefen im Kreis herum und sangen das Lied von Kristina und dem kleinen Mann, so laut sie nur konnten.
Jetzt mußte Kristina wirklich weinen. Sie fand ihre Freunde so böse, daß sie am liebsten auf sie losgesprungen wäre. Sie schämte sich und war sich doch ganz sicher, daß auf dem Lehrertisch wirklich ein kleiner Mann mit einem gelben Hut und einem Bart gesessen hatte. Am liebsten wäre sie davongelaufen, aber weil die Kinder sie so eng umtanzten, sah sie nirgendwo einen Durchschlupf. So blieb ihr nichts anderes übrig, als dort stehenzubleiben, wo sie stand. Sie hielt sich die Hände vors Gesicht und weinte stumm vor sich hin.
Als der Krach am lautesten war, wurde die Klassentür des Nebenraums aufgerissen. Mit hochrotem Kopf erschien Fräulein Pulverich in der Tür. »Das ist ja der Gipfel!« schrie sie, und ihre Stimme kippte vor Erregung fast über. »So etwas ist ja noch nie vorgekommen! Marsch, sofort in eure Klasse! Wartet nur ab, ich werde

eurer Klassenlehrerin etwas erzählen!« Schon knallte die Tür wieder hinter ihr zu.

Die Kinder waren erschrocken zusammengefahren. Am liebsten hätten sich alle in ein Mauseloch verkrochen. Es war so still im Flur, daß man eine Fliege hätte krabbeln hören können.

Sven faßte sich als erster. »Gehen wir hinein!« sagte er. Er ging auf die Klassentür zu, wartete einen winzigen Augenblick, blickte noch einmal zu den anderen und drückte dann entschlossen die Klinke herunter. Er öffnete die Tür und ging mutigen Schrittes hinein. Gleich darauf war er wieder da. Mit einem Knall schlug er die Tür hinter sich zu.

»Was ist los?« fragten die anderen und drängten sich um ihn.

Sven japste nach Luft. Er räusperte sich und brachte endlich heraus: »Da ist wirklich einer!«

Kristina hatte sich, als Fräulein Pulverich die Kinder zusammengestaucht hatte, ganz hinten in die Ecke verkrochen, dort, wo die Mäntel aufgehängt waren. Jetzt wagte sie sich aus ihrem Versteck hervor und kam langsam näher. Sie schaute Sven mit großen Augen an und fragte: »Ein kleiner Mann mit einem gelben Hut?«

Sven nickte und stammelte: »Mit einem gelben Hut!«

»Mitten auf dem Tisch?« fragte Uschi.

Es wurde schon wieder laut. Da legte Dagmar ihren Finger auf den Mund und zischte: »Pst!«

Jetzt flüsterten alle.

»Wir müssen hinein!« meinte Ingo.

»Wer geht zuerst?« fragte Thomas.

»Die Mädchen!«

»Die Jungen!«

Jeder versuchte, den anderen vorzuschieben. Ganz geheuer war die Sache keinem.

Kristina wurde allmählich wieder mutig. Sie deutete mit ihrem Finger auf Olaf und sagte: »Er hat das schlaue Gedicht gemacht. Wer so schlau ist, kann auch als erster hineingehen!«
Aber Olaf verdrückte sich eilig im Hintergrund. Auch Sven versuchte, sich nach hinten zu schieben. Die anderen folgten seinem Beispiel. Sie standen nun in einem weiten Halbkreis um die Klassentür herum. Alle waren aufgeregt und ein wenig ängstlich.
»Ob es ein neuer Lehrer ist?« fragte Dagmar.
Sie erhielt keine Antwort. Nur Siegmar stellte fest: »Wenn er herauskommt, können wir etwas erleben!«
Bedrücktes Schweigen.
Doris sagte endlich: »Wir müssen hinein!«
Das sahen alle ein. Aber wer sollte den Anfang machen?
Die Kinder kamen langsam wieder näher. Jeder versuchte, den anderen so vorzuschieben, daß der als erster an der Tür war. Es entstand ein Geschiebe und Gedränge nach vorn und nach hinten. Zum Schluß quetschten sich alle vor der Tür.
Sven, der jetzt direkt vor die Klinke gedrückt worden war, zischte: »Wenn wir so stehen, können wir die Tür überhaupt nicht öffnen!«
Schon setzte wieder das Drängen und Schieben ein, und es bildete sich erneut der weite Halbkreis.
Da schob sich die kleine Karin vor. Sie war die stillste und unauffälligste Schülerin der Klasse. Ausgerechnet Karin war es, die mit zielsicheren Schritten zur Tür ging, die Klinke herunterdrückte und die Tür öffnete. Dann drängten alle hinter ihr her.
Mitten auf dem Lehrertisch vor der großen Tafel saß der kleine Lehrer. Er schaute die Kinder freundlich an und winkte ihnen mit seinem rechten kurzen, dicken Arm

zu. Die Kinder verstanden den Wink und beeilten sich, zu ihren Tischen zu kommen. Aufatmend ließen sie sich auf den Stühlen dahinter nieder.
Der kleine Lehrer trug einen gelben Hut auf dem Kopf. Der hatte eine breite Krempe und sah aus wie ein Sheriffhut. Der Unterschied war nur der, daß der Hut des kleinen Lehrers gelb war. Er war so gelb wie eine Zitrone. Und da war noch etwas: Im Hutband des gelben Hutes steckte eine kleine Blume. Ein winziges Gänseblümchen. Unter dem Hut schauten graue Haare hervor, die sich ein wenig ringelten. Der kleine Lehrer hatte ein rundes, fröhliches Gesicht mit einer ebenso runden Nase, die leicht nach oben gebogen war. Ein kurzgeschnittener grauer Bart begann unter seinem linken Ohr, zog sich über Backen und Kinn und endete unter seinem rechten Ohr. Außerdem trug er eine altmodische Nickelbrille. Er hatte ein blütenweißes Hemd unter einer blau-rot karierten Jacke an, und dazu einen altertümlichen Stehkragen. Das Besondere aber war, daß der kleine Lehrer statt eines Schlipses eine orangefarbene Fliege trug, die so groß war, daß sie über den Kragen der blau-rot karierten Jacke hinausragte. Er trug braune Hosen, und seine Füße steckten in schwarzen Lackschuhen, die bestimmt auch schon alt waren. Sonst fiel den Kindern nichts an dem Lehrer auf. Sie bemerkten nur alle, daß er außergewöhnlich klein war. Einen so kleinen Mann hatten sie noch nie gesehen.
Der kleine Lehrer betrachtete die Kinder der Klasse 3b aufmerksam. Sein Blick schweifte von einem zum anderen, blieb an jedem einen Augenblick hängen, bevor er zum nächsten wanderte. Als er den schlauen Olaf in der dritten Reihe anschaute, lächelte er leicht und sagte: »Hast du vielleicht ein Taschentuch?«
Olaf zuckte zusammen. Schließlich war er der erste, der

von dem kleinen Lehrer angesprochen wurde. Er nickte eifrig, wühlte zunächst in seiner rechten, dann in seiner linken Hosentasche und förderte tatsächlich ein Taschentuch zutage, das zwar ziemlich verschmutzt, aber immerhin doch ein Taschentuch war. Der kleine Lehrer beobachtete alles, was Olaf tat. Als ihm Olaf sein Taschentuch zeigte, nickte er freundlich und sagte:

»Einem großen Dichtersmann
sieht man's an der Nase an.
Ist seine Nase blank und rein,
dann dichtet's sich noch mal so fein!«

Olaf wurde rot bis über beide Ohren, schneuzte sich kräftig und putzte so sehr an seiner Nase herum, daß sie anschließend wirklich wie frisch gebohnert aussah.
Die übrige Klasse hielt vor Erstaunen die Luft an. Ob der kleine Lehrer alles gehört hatte, was sich vor dem Klassenzimmer abgespielt hatte? Jedenfalls konnte er genausogut dichten wie Olaf. Das stand fest. Und Kristina, die jetzt endlich ihre Tränen abgetrocknet hatte, mußte ein bißchen lächeln, aber nur ein bißchen.
Als der kleine Lehrer alle Kinder eingehend gemustert hatte, griff er mit seiner rechten Hand in seine linke Jackentasche und zog eine uralte silberne Taschenuhr heraus, die an einer langen Kette hing. Er drückte auf einen Knopf, und der Deckel der Uhr sprang auf. Jetzt hielt er sich die Uhr ans Ohr, lauschte einen Augenblick lang, nickte zufrieden, klappte den Deckel wieder zu und steckte die Uhr in seine Jackentasche zurück. Er lächelte den Kindern zu und sagte ganz leise und freundlich:
»Am nächsten Mittwoch kommt ihr bitte pünktlich nach der Pause in die Klasse. Ich verlasse mich auf euch!«
Sonst nichts. Aber weil er so freundlich war, hatten alle

ein etwas schlechtes Gewissen und nahmen sich ganz fest vor, am nächsten Mittwoch pünktlich in der Klasse zu sein.
»So, dann wollen wir einmal anfangen!« sagte der kleine Lehrer. Dabei stieß er sich mit seinen dicken, kurzen Beinen vom Tisch ab, hüpfte kurz hoch und landete wohlbehalten auf seinen Füßen.
Die Kinder hatten ihm verblüfft zugesehen. Obwohl es sehr lustig ausgesehen hatte, als der kleine Lehrer wie ein Gummiball vom Tisch gehüpft war, hatte keiner gelacht. Einige Mädchen waren nur erschrocken gewesen, weil sie befürchtet hatten, er würde bei seinem eleganten Absprung stolpern und vielleicht hinfallen.
Der kleine Lehrer tat so, als sei überhaupt nichts geschehen. Er hatte immer Mühe mit großen Möbeln und hatte diesen kleinen Hüpfer schon sehr oft geprobt, so daß er ihn überhaupt nicht als Kunststück empfand.
Als er nun vor ihnen stand, stellten die Kinder verblüfft fest, daß er tatsächlich nicht größer war als sie selbst. Vielleicht sogar noch ein bißchen kleiner. Aber trotzdem strahlte er so viel Würde und Überlegenheit aus, daß sich keiner getraute, auch nur die allerkleinste spöttische Bemerkung über seine Größe zu machen. Dazu kam, daß der kleine Lehrer sie so freundlich und nett anschaute, daß ihn alle gleich vom ersten Augenblick an gern hatten und gespannt darauf waren, was er jetzt mit ihnen unternehmen würde. Es sah wirklich so aus, als sollte es diesmal nicht eine der üblichen langweiligen Unterrichtsstunden geben. Alles war ungewohnt und neu.
»Was wollt ihr denn heute tun?« fragte der kleine Lehrer. Das hatte noch nie ein Lehrer gefragt. Sonst wurde immer gleich angeordnet, was zu tun sei, und die Schüler mußten sich danach richten.

Sven nutzte diese günstige Situation sogleich aus. Er grinste und meinte: »Wir könnten Fußball spielen!«
Die Jungen lachten laut. Das war ein Vorschlag, dem sie sofort begeistert zustimmen konnten. Sie mußten alle viel zuviel stillsitzen! Und Sport hatten sie auch zu selten. Jetzt ein richtiges Fußballspiel zu beginnen, das wäre für alle Jungen ein riesiges Vergnügen gewesen.
Die Mädchen dachten anders. Dagmar rief sofort: »Nein, kein Fußball! Aber Sie könnten mit uns in der Klasse spielen oder ein Quiz machen.«
»Was ist ein Quiz?« fragte der kleine Lehrer.
Jetzt lachten alle, denn was ein Quiz ist, wissen schon die Kinder im Kindergarten. Eifrig klärten sie den kleinen Lehrer auf.
Der hatte es auch schnell verstanden. Er nickte dankbar mit dem Kopf und meinte: »Jetzt weiß ich es. Ein Rätselspiel mit Preisen und Überraschungen!«
Die Jungen zögerten noch etwas. Aber ein richtiges Quiz in der Schule hatten sie auch noch nicht erlebt. Vielleicht konnte das wirklich interessant werden. Um alle Mißverständnisse auszuschließen, fragte Sven vorsichtshalber: »Gibt es auch wirklich Preise und Überraschungen bei Ihnen? Nicht, daß Sie uns aufs Kreuz legen und nur sagen, daß Sie ein Quiz machen! Und in Wirklichkeit ist es nichts anderes als Unterricht!«
Der kleine Lehrer mußte lachen. Er strich mit der rechten Hand über seinen Bart, dachte einen Augenblick nach und sagte: »Wir machen ein richtiges Rätselspiel mit Überraschungen und Preisen. Wenn ihr etwas dabei lernt, dann ist das eure Sache. Wenn man mit Spaß lernt, lernt man jedenfalls viel schneller und besser.« Er lächelte verschmitzt. »Ich hoffe nur, ihr seid mir nicht böse, wenn ihr etwas lernt, ohne daß ihr es merkt!«
Jetzt lachten alle. Und Olaf rief: »Dann möchte ich gern

lernen. Wenn man nicht merkt, daß man etwas lernt, dann muß das Spaß machen!«
»Ja, dann beginnen wir also mit dem Quiz!« sagte der kleine Lehrer.
Siegmar hatte noch einen Einwand. »Einer muß Schiedsrichter sein!« sagte er. »Damit nicht gemogelt wird!«
»Das ist richtig!« bestätigte der kleine Lehrer. »Gemogelt werden darf nicht. Und wenn gemogelt wird, dann nur ein bißchen!«
Er zwinkerte Kristina zu und fragte: »Möchtest du Schiedsrichter sein?«
Natürlich war Kristina sofort einverstanden.
»Sie braucht einen besonderen Platz, damit sie alles genau sieht!« riefen die Kinder.
»Such dir deinen Schiedsrichterplatz selbst!« meinte der kleine Lehrer.
Kristina hatte den richtigen Platz schon entdeckt. Sie blickte aber den kleinen Lehrer ein wenig zögernd an, weil der aber freundlich nickte, nahm sie Anlauf und setzte sich mitten auf den Lehrertisch. Dorthin, wo vorhin der kleine Lehrer gesessen hatte. Jetzt lachten alle, und der kleine Lehrer lachte am lautesten.
Kristina aber nahm ihr neues Amt als Schiedsrichter sehr ernst. Sie klopfte mit der Faust auf den Tisch und brüllte: »Ruhe! Wir wollen mit dem Quiz beginnen!« Sie deutete auf den kleinen Lehrer und sagte: »Sie müssen jetzt anfangen!«
Doch das war dem kleinen Lehrer überhaupt nicht recht. Er sagte: »Gemogelt wird nicht! Wenn nur der Lehrer fragt, dann ist das Unterricht! Hier muß jeder fragen!«
Jetzt merkten alle Kinder, daß die Sache ein Riesenspaß werden sollte. Sie kicherten, klatschten vor Vergnügen in die Hände und bekamen vor lauter Aufregung ganz rote Backen.

Olaf aber, der sich immer noch wunderte, woher der kleine Lehrer von der Sache auf dem Gang wußte, wollte nun prüfen, ob der kleine Lehrer mehr wußte als andere. »Darf ich Sie als erster fragen?«
Als der kleine Lehrer nickte, rief er triumphierend: »Können Sie unsere Namen sagen?«
Der kleine Lehrer lachte. Dann strich er sich mit der rechten Hand über den Bart, dachte einen Augenblick nach und drehte den gelben Hut auf seinem Kopf ein kleines Stückchen herum, so daß das Gänseblümchen jetzt vorn über seiner Nase stand.
»Eure Namen muß man kennen, denn wie will man euch sonst nennen?« sagte er und ging auf die Kinder, die in der ersten Reihe saßen, zu. Er gab Jutta die Hand, nickte freundlich mit dem Kopf und begann:

»Dieses Mädchen schick und fein
heißt Marita Jutta Klein.
Und daneben, ach wie nett,
sitzt Petermanns Elisabeth.
Olaf Koch, ein guter Junge,
hat 'ne vorwitzige Zunge.
Und dem Hans-Joachim Reh
tut sein Backenzahn heut weh!«

»Das stimmt!« schrie Hans-Joachim und starrte den kleinen Lehrer an. »Woher wissen Sie das?«
Der kleine Lehrer lächelte nur und strich dem Hans-Joachim mit seinen kurzen, dicken Fingern ganz leicht über die Backe. Und tatsächlich kam es dem Jungen vor, als seien seine Zahnschmerzen plötzlich weg.
Der kleine Lehrer aber ging weiter von einem zum anderen, gab jedem die Hand, nickte ihm freundlich zu und nannte seinen Namen, den Vor- und Zunamen. Wenn

einer zwei oder gar drei und vier Vornamen hatte, so wußte der kleine Lehrer auch die und nannte alle, ohne einmal zu stocken.
So etwas hatte es in der Klasse 3b noch nie gegeben. Die Kinder staunten. Sie glaubten schon an Zauberei. Sogar Sven verschlug es die Sprache. Als der kleine Lehrer fertig war, klatschten alle laut Beifall.
Kristina sprang vom Tisch und lief zur Tafel. Sie nahm ein Stück Kreide in die Hand und fragte: »Wieviel Punkte soll ich aufschreiben?«
Die ganze Klasse war sich darüber einig, daß der kleine Lehrer einen dicken Punkt verdient hatte.
Aber jetzt wurde die Sache peinlich, denn Kristina wußte nicht, wie der kleine Lehrer mit Namen hieß. Sie schaute ihn etwas bestürzt an, getraute sich aber nicht, ihn danach zu fragen.
Doch der kleine Lehrer hatte längst bemerkt, welche Schwierigkeiten Kristina hatte. Er nickte ihr freundlich zu und meinte: »Schreib einfach: Der kleine Lehrer!«
Zuerst zögerte Kristina noch, aber dann schrieb sie: »Der kleine Lehrer« an die Tafel. Daneben malte sie einen dicken Punkt.
Der kleine Lehrer rückte an seinem Hut, so daß das Gänseblümchen jetzt wieder über seinem linken Ohr im Hutband steckte. Dann sagte er: »Jetzt muß ein anderer fragen!«
»Sie müssen fragen!« rief Dagmar.
Und die ganze Klasse stimmte ein: »Sie sind jetzt dran. Sie müssen jedem eine Frage stellen!«
Sven fügte hinzu: »Wir wollen auch Punkte sammeln!«
»Das ist aber gemogelt!« sagte der kleine Lehrer. »Ich muß einunddreißig Fragen stellen. Jeder von euch kann sich dabei einen Punkt holen. Ihr habt mir eine Frage gestellt, und ich mußte einunddreißig richtige Antworten

geben. Für die ganze Arbeit habe ich nur einen einzigen Punkt bekommen!«
»Gib ihm noch einen!« meinte Olaf. »Gerecht muß es zugehen, und wenn gemogelt wird, dann nur ein bißchen!«
Der kleine Lehrer drohte Olaf mit seinem kurzen, dikken Finger, lachte aber herzlich dabei, und Olaf merkte, daß er es nicht böse meinte.
So erhielt der kleine Lehrer noch einen Punkt und mußte nun jedem Kind eine Frage stellen. Er überlegte nicht lange. Und als er fragte, wunderten sich die Kinder abermals. Er fragte nämlich genau nach den Dingen, die sie in den ersten beiden Stunden in der Schule gelernt hatten. Frau Klages hatte ihnen eine Geschichte erzählt, die sie zu Hause niederschreiben sollten. Der kleine Lehrer kannte die Geschichte auch und fragte, was darin passiert sei. Dabei merkte jeder, was sie alles behalten hatten. Zum Schluß hatte jedes Kind einen Punkt an der Tafel.
»Wenn wir jetzt die Geschichte aufschreiben würden, wäre das kinderleicht!« stellte Dagmar fest.
»Das können wir doch tun!« rief Bernd.
»Ihr könnt tun, was ihr wollt!« sagte der kleine Lehrer und schmunzelte.
Mit einem Satz sprang Kristina von der Tafel weg und lief zu ihrem Platz. Sie kramte in ihrer Schultasche, holte ihr Deutschheft heraus und begann sogleich, die Geschichte aufzuschreiben. Die anderen Kinder warteten auch nicht länger. Sie achteten gar nicht mehr auf den kleinen Lehrer. Ihre Köpfe waren tief über die Hefte gebeugt; sie schrieben und schrieben.
Der kleine Lehrer schaute ihnen eine Weile zu, dann ging er bedächtig zum Stuhl hinter dem Lehrertisch, stieg erst auf den Stuhl, dann auf den Tisch und setzte

sich, als er sicher oben angelangt war, in aller Gemütsruhe wieder mitten auf die Tischplatte. Er griff in seine linke Hosentasche, holte dort einen Apfel heraus, polierte ihn an seinem Jackenärmel blank und biß hinein. Aber kaum hatte er seinen Apfel aufgegessen, da waren die Kinder schon fertig.

»Jetzt kommt die zweite Runde!« rief Ingo. Man merkte ihm richtig an, wie sehr er sich darauf freute.

Der kleine Lehrer schluckte das letzte Apfelstückchen herunter, wischte sich die Hände an seinem Taschentuch ab und holte wieder die silberne Taschenuhr aus der Jackentasche. Er ließ den Deckel aufspringen, guckte kurz auf das Zifferblatt, nickte wieder und steckte die Uhr zurück. Dann hüpfte er wieder wie ein Gummiball auf den Fußboden. »Achtung! Zweite Runde!« sagte er. Er schlug sich mit seiner kurzen, dikken Hand auf seinen runden Bauch und rief laut: »Gong! Es geht los! Zweite Runde: Spiel mit Zahlen!«

An diesem Morgen hatten die Kinder die Sechserreihe gelernt. Der kleine Lehrer stellte nur daraus Aufgaben. Da war es kein Wunder, daß die Kinder alle Fragen beantworten konnten. Selbst als er Teilaufgaben stellte und fragte: »Wieviel ist sechsunddreißig geteilt durch sechs«, da konnten ihm alle antworten, obwohl sie das Teilen durch sechs überhaupt noch nicht gelernt hatten.

Auch im Spiel mit Zahlen hatte jedes Kind einen Punkt eingeheimst, so daß tatsächlich jeder zwei Punkte hatte, der kleine Lehrer und alle Kinder.

»Das war kinderleicht!« schrie Jutta übermütig. »Ich schreibe jetzt gleich die ganze Sechserreihe auf!«

Und weil der kleine Lehrer nichts dagegen hatte, holten alle Kinder ihre Rechenhefte heraus und schrieben die Sechserreihe auf. Nach fünf Minuten schon waren sie

fertig. Als sie von ihren Heften aufblickten, saß der kleine Lehrer wieder auf dem Tisch und schaute sie freundlich an.
»Das war's für heute, Kinder!« sagte er. »Die beiden Stunden sind herum!«
Die Kinder konnten es nicht glauben. Das war doch unmöglich. So schnell war noch nie eine Doppelstunde herumgegangen.
Nur Olaf war böse. Er schrie: »Sie haben uns betrogen! Sie haben gesagt, daß es ein Quiz mit Überraschungen und Preisen gibt! Das Quiz haben wir gehabt. Aber jetzt wollen wir auch Preise sehen!«
Noch einmal hüpfte der kleine Lehrer vom Lehrertisch herunter. »Eure Preise«, sagte er, »ihr braucht heute keine Hausaufgaben zu machen!«
Die Kinder staunten. Wie sollte das zugehen? Frau Klages und Herr Hain hatten doch Hausaufgaben aufgegeben? Da dämmerte es einigen. »Wir haben ja alle Hausaufgaben schon in der Schule gemacht. Tatsächlich, heute haben wir keine Hausaufgaben auf!«
Olaf schüttelte den Kopf, obwohl er lachen mußte. »Das ist aber gemogelt!« stellte er schließlich fest.
»Aber nur ein bißchen«, antwortete der kleine Lehrer leise. Die Kinder wurden immer lauter. Sie freuten sich so sehr, daß sie an diesem Nachmittag keine Hausaufgaben zu erledigen hatten. Sie schwätzten, stießen sich an und lachten. Sie bemerkten gar nicht, daß der kleine Lehrer durch den Mittelgang bis zur Klassentür ging und ganz leise die Klasse verließ.
Als sie dann den Schulgong hörten, der die nächste Stunde ankündigte, fragten sie sich, wo der kleine Lehrer geblieben sei. Sie schauten sich überall im Klassenzimmer um. Doch er blieb verschwunden.

Der Direktor wunderte sich auch. Er hatte auf seinem Schreibtisch einen seltsamen Zettel gefunden, mit dem er nichts anzufangen wußte. Er rief seine Sekretärin und fragte: »Haben Sie mir diesen Zettel hier hingelegt?« Die Sekretärin wußte nichts von einem Zettel. Als ihr der Direktor den Zettel hinschob und sie lesen konnte, was dort geschrieben stand, schüttelte sie energisch den Kopf. »Ich weiß nichts von einem Wurm!« stellte sie mit Nachdruck fest und fügte noch hinzu: »Ich angle auch nicht. Vielleicht fragen Sie einmal den Herrn Weinert danach. Der hat einen Angelschein!«
»Der kleine Lehrer!« murmelte der Herr Schuldirektor vor sich hin. »Wieder so ein dummer Schülerstreich!« Dann packte er den Zettel, knüllte ihn zusammen und warf ihn mit Schwung in den Papierkorb. Damit war für ihn die Sache erledigt.

Was kann man gegen eine Fünf tun?

Als der kleine Lehrer in seinem Zimmer angekommen war und die Tür hinter sich zugeschlossen hatte, mußte er sich erst einmal auf den Stuhl setzen. »Treppensteigen strengt an!« sagte er und putzte sich mit seinem Taschentuch ein paar Schweißtropfen von der Stirn. »Unterricht strengt auch an!« fügte er hinzu und gähnte. Als dann sein Blick auf sein blaues Bett fiel, wurde er so müde, daß er beschloß, ein kurzes Schläfchen zu halten. Er bückte sich und zog die Schuhe aus. Dann legte er die Jacke ab und hängte sie vorsichtig über die Stuhllehne. Zum Schluß zog er auch noch seine Hose aus. Er legte sich ins Bett und war schnell eingeschlafen. Er schlief tief und fest und schnarchte sogar ein bißchen. Ein

glückliches und zufriedenes Lächeln spielte um seinen Mund. Bestimmt hatte er jetzt schöne Träume.
Als der Schulgong das Ende der letzten Stunde anzeigte, wurde der kleine Lehrer unsanft aus seinem Schlaf geweckt. Er rieb sich verschlafen die Augen, gähnte noch einmal und schimpfte auf sich selbst: »Wie kann man am hellen Mittag schlafen!«
Mit einem Ruck stand er auf, zog seine Hose an und angelte mit den Füßen nach seinen Schuhen. Unter Ächzen und Stöhnen zog er sie an. Dann ging er zu der Waschkanne, schüttete ein wenig Wasser in die Waschschüssel und hielt eine kleine Mittagswäsche, wobei er sich allen Schlaf aus dem Gesicht wusch. Jetzt war er wieder munter.
Er setzte sich an den Tisch und holte sein kleines rotes Lehrerbuch heraus. Er suchte so lange, bis er den Mittwoch fand, kramte dann nach einem Stift und trug dort ein: »Heute zwei Stunden in der Klasse 3b gegeben: Deutsch/Rechnen. Darunter setzte er in Klammern: Quiz ist ein Spiel, das Kinder besonders gern haben. Früher nannte man das Rätselspiel.«
Der kleine Lehrer lehnte sich zurück und schaute durch das Fenster genau in den Himmel hinein, der an diesem Tag blau und ohne Wolken war. Je länger er in dieses Blau hineinschaute, um so zufriedener und glücklicher wurde er. Er mußte immer wieder an die beiden Stunden in der 3b denken, an den vorwitzigen Olaf, an die kleine Kristina, die so gut den Schiedsrichter gespielt hatte, und an all die anderen, mit denen das Lernen so viel Spaß gemacht hatte.
In der Schule war es jetzt still geworden. Sicher waren die Schüler schon alle weg. Jetzt dauerte es bis 14 Uhr, dann kamen die Putzfrauen und räumten auf, fegten und bohnerten.

Der kleine Lehrer schaute auf seine silberne Taschenuhr und stellte fest, daß es 13.30 Uhr war. In einer halben Stunde würden die Putzfrauen kommen. Da wollte er die Zeit nutzen, um noch einen kleinen Spaziergang zu machen. Er machte jeden Mittag diesen Spaziergang. Dann ging er durch alle Flure, schaute einmal kurz in jedes Klassenzimmer hinein und versuchte, die Aufgaben zu lösen, die die Lehrer für die Schüler an die Tafel geschrieben hatten. Manchmal war das leicht. Dann mußte er lachen, weil die Lehrer ihren Schülern so einfache Aufgaben gegeben hatten. Es kam aber auch vor, daß er lange nachdenken mußte, bis er die richtige Lösung fand.

Besonders in den Klassen, in denen mit seltsamen Kreisen und Kringeln gerechnet wurde, hatte er ganz erhebliche Schwierigkeiten. »Das soll Rechenunterricht sein?« fragte er sich selbst und schüttelte nachdenklich den Kopf. »So einen Rechenunterricht habe ich noch nie erlebt. Und schließlich habe ich viele Jahre lang unterrichtet.« Fast hätte er diese Rechenaufgaben mit Kringeln und Kreisen für einen faulen Trick gehalten. Doch dann entdeckte er ein Buch, das ein Schüler vergessen hatte. Auf dem Umschlag stand »Mengenlehre«. Als der kleine Lehrer das Buch durchblätterte, stellte er fest, daß hier auch die vielen Kreise und Kringel zu finden waren, die ihn an der Tafel schon so geärgert hatten.

Der kleine Lehrer borgte sich das Buch aus und nahm es mit in sein Zimmer. Dort saß er stundenlang und büffelte. Dann hatte er es begriffen. Er brachte das Buch wieder in das Klassenzimmer zurück und stellte sich selbst immer neue Aufgaben, die er sogar lösen konnte. Er war richtig stolz und sagte: »Ich bin ein moderner Lehrer, der sogar die Mengenlehre begriffen hat und unterrichten kann.«

Auch die Klassenschränke interessierten den kleinen Lehrer sehr. Er staunte über die vielen modernen technischen Geräte, die in den einzelnen Schränken standen, und machte sich seine Gedanken, in welcher Weise sie wohl verwendet würden. Gleichzeitig stellte er aber auch mit großem Bedauern fest, daß in den Klassen, in denen die meisten modernen technischen Geräte in den Schränken waren, die wenigsten Bilder an den Wänden hingen. Oft waren die Zimmer ganz kahl und erschrekkend trostlos. »Hier können sich die Kinder doch nicht wohl fühlen!« meinte der kleine Lehrer und schüttelte seinen Kopf. Einmal hatte jemand mit roter Farbe an die Wände geschrieben. »Nieder mit den Lehrern!«

Der kleine Lehrer hatte zwei Stunden lang zu tun, die Wände wieder weiß zu bekommen. Er war richtig traurig. Aber nicht, weil hier etwas hingeschmiert worden war. Schmierfinken hatte es schon immer gegeben. Daß aber kein einziges Bild an der Wand hing und der Raum, so schmucklos und kalt wie er war, direkt zum Schmieren aufforderte, das machte ihn so traurig.

»Die Lehrer müssen sehr wenig Zeit für ihre Kinder haben!« sagte der kleine Lehrer leise. »Vielleicht müssen sie zuviel Stoff durchnehmen, müssen sie zuviel verlangen. Sie hören nur auf das, was ihnen vorgeschrieben wird. Wenn sie einmal auf die Kinder hören würden, wenn sie einmal das machten, was auch den Kindern Spaß macht, hätten sie es bestimmt viel leichter. Die Kinder kämen lieber zur Schule. Sie würden Bilder malen und an die Wände hängen. Alles würde viel schöner und lustiger.« Er sagte zu sich selbst: »Sie müßten sich viel mehr Zeit für die Kinder nehmen!«

Der kleine Lehrer freute sich besonders darüber, wenn einmal in einer Klasse vergessen worden war, die Klassenbücherei einzuschließen. Dann kannte man ihn fast nicht wieder. Wie ein Wilder stürzte er sich auf den Schrank und suchte sich all die Bücher heraus, die neu waren und die er noch nicht kannte. Ganze Stöße schleppte er übers Wochenende hinauf in sein Zimmer. Dann konnte es passieren, daß er zwei Nächte hintereinander überhaupt nicht zum Schlafen kam, weil er unbedingt alles lesen wollte. Und was hatte er alles gelesen! Alle neuen Fachbücher über Geschichte und Erdkunde, über Naturkunde und Religion.

Am allerliebsten aber hatte er die Kinderbücher. Davon konnte er einfach nicht genug bekommen. Er las so lange, bis er heiße Ohren hatte. Manche Bücher gefielen ihm so gut, daß er sie gleich zweimal hintereinander las, einige sogar dreimal. Er kannte den Räuber Rumzeis und den Pan Tau, den Lukas Kümmel Zauberkünstler und den Leo Zauberfloh, den Mäusesheriff und die kleine Hexe, den kleinen Wassermann und das kleine Gespenst. Er bewunderte Pippi Langstrumpf und wünschte sich, nur einmal so stark zu sein wie sie.

An diesem Mittwochmittag um 13.30 Uhr war der kleine Lehrer so in Sonntagsstimmung, daß er unbedingt noch einen kleinen Spaziergang durch die große Gesamtschule machen wollte.

Er setzte seinen gelben Hut auf, zog seine Jacke an, nahm sich einen frischen Apfel aus der Schublade und ging hinaus. Auf dem Flur blieb er eine Weile stehen, lauschte, und als er keinen Laut hörte, machte er sich auf den Weg. Weil er aber nur wenig Zeit hatte, bis die Putzfrauen kamen, beschloß er, schnurstracks zum Klassenraum der 3b zu gehen. Hier hatte es ihm am Morgen so gut gefallen, daß er unbedingt noch einmal dorthin wollte. Mit forschen Schritten durcheilte er den Flur und stürmte in das Klassenzimmer.

Dann blieb er wie erstarrt stehen. Alles hätte er erwartet,

nur das nicht! Da saß die kleine Karin Juckow ganz allein. Sie hatte ihren Kopf auf den Tisch gelegt und schluchzte vor sich hin. Der kleine Lehrer konnte sich gut an Karin erinnern. Es hatte ihm heute solchen Spaß gemacht, als er gesehen hatte, mit welchem Eifer sie am Quiz teilgenommen hatte. Sie war es auch gewesen, die als erste eine Teilaufgabe richtig gerechnet hatte. Der kleine Lehrer hatte sich richtig mitgefreut, als Karin dafür ihren Punkt erhalten hatte. Und jetzt saß sie da wie ein Häufchen Unglück und hatte schon die ganze Tischplatte naß geweint. Ganz behutsam ging er auf sie zu.
Dem kleinen Lehrer tat es jedesmal leid, wenn Kinder weinten. Er war immer darum bemüht, die Kinder zum Lachen zu bringen. Wenn in seinem Unterricht einmal ein Kind weinte, konnte er wochenlang nicht richtig schlafen. Dann tat er alles, um das Kind wieder zum Lachen zu bringen. Einmal hatte er sogar einem Kind so lange Grimassen und Fratzen geschnitten, bis es laut losgelacht hatte.
Richtig verlegen war der kleine Lehrer geworden, als er hinter Karin stand. »Warum bist du so traurig?« fragte er endlich.
Sie zuckte zusammen. Sie hatte ihn nicht kommen hören. Dann schaute sie kurz auf. Doch danach sank ihr Kopf erneut auf die Tischplatte, und sie weinte noch heftiger.
Der kleine Lehrer rang verzweifelt seine Hände. »Sag mir, was dich bedrückt!« versuchte er es noch einmal.
Karin weinte weiter.
»Wenn du mir nichts sagst, kann ich dir nicht helfen!« sagte der kleine Lehrer.
»Niemand kann mir helfen!« jammerte sie und fügte hinzu: »Ich gehe nicht nach Hause. Ich habe solche Angst!«

Da merkte der kleine Lehrer, daß Karin großen Kummer hatte. Deshalb sagte er ganz laut und deutlich: »Hör auf zu weinen!« Und weil Karin immer weiter schluchzte, sagte er noch lauter: »Hör endlich auf zu weinen! Ich kann dir helfen! Und ich werde dir helfen!«

Zuerst zuckte Karin zusammen, als sie die Stimme hörte. Aber dann blickte sie den kleinen Lehrer doch an und vergaß darüber für einen Augenblick das Weinen.

»Was ist los?« fragte der kleine Lehrer.

Schluchzend brachte Karin heraus, daß sie in der letzten Stunde eine Klassenarbeit zurückbekommen hatten. Karin hatte als einzige eine Fünf. Ihre Eltern waren sehr streng. Karin fürchtete, daß sie bestraft würde, wenn sie mit einer Fünf nach Hause käme. Deshalb wollte sie nicht heim.

»Zeig mir einmal dein Heft!« forderte der kleine Lehrer sie auf.

Mit zitternden Händen suchte Karin nach dem Arbeitsheft in ihrem Schulranzen.

Voller Mitleid stellte der kleine Lehrer fest, daß auch das Heft bereits feucht von Tränen war. Er nahm es in die Hand und blätterte darin herum. Dann schlug er die letzte vollgeschriebene Seite auf.

Wirklich, ganz unten stand mit rotem Kugelschreiber geschrieben:

»Die Arbeit ist mangelhaft (5) Hain«.

Der kleine Lehrer seufzte. Das war schlimm. Als er die kleine Karin anblickte, bemerkte er einen winzigen Hoffnungsstrahl in ihren Augen. Da fühlte er sich noch schlechter. Wenn das Kind solche Angst vor seinen Eltern hatte, dann mußten die Eltern schon sehr streng sein. Aber wie sollte er nur helfen?

Der kleine Lehrer wiegte bedächtig seinen Kopf hin und

her. Dann strich er sich mit seiner rechten Hand über den Bart, drehte an seinem gelben Hut, doch es fiel ihm nichts ein. Es war zum Verzweifeln! Er wagte gar nicht, in Karins Augen zu schauen. Er fürchtete, sie könnte bemerken, daß er auch keinen Ausweg wußte. Obwohl er sich nicht sicher war, ob er in diesem Augenblick nicht log, sagte er noch einmal nachdrücklich: »Ich werde dir helfen!«

Karin hatte aufgehört zu weinen. Sie holte ihr Taschentuch heraus, putzte sich die Nase und sah ihn erwartungsvoll an.

Der kleine Lehrer blätterte in dem Heft. Plötzlich stutzte er. »Das ist ja überhaupt die allererste Fünf, die du geschrieben hast!« stellte er fest.

Karin nickte.

»Das kann doch schließlich mal passieren!« sagte der kleine Lehrer. »Das kommt in den besten Familien vor!«

»Mein Vater sagt, das darf nicht vorkommen!« wandte Karin schüchtern ein.

Der kleine Lehrer nahm das Heft und ging damit an die Tafel. Er griff nach einem Stück Kreide und begann, die Noten, die in dem Heft standen, untereinander an die Tafel zu schreiben:

1
1
2
2
1
5

Dann zog er einen dicken Strich darunter und rechnete die Noten zusammen. »Das macht zusammen zwölf«, sagte er und schrieb eine dicke Zwölf unter den Strich. Nun kam er wieder zu Karin zurück. »Du konntest doch heute morgen so gut rechnen!«

Karin nickte.

»Dann rechne doch einmal aus: Zwölf geteilt durch sechs!«

Karin hatte sofort das Ergebnis. »Das macht zwei!« rief sie.

»Richtig! Sehr gut!« sagte der kleine Lehrer. »Du hast sechs Arbeiten geschrieben. Alle Arbeiten sind gut und sehr gut. Die eine Fünf macht überhaupt nichts aus. Du wirst trotzdem ein Gut im Zeugnis bekommen. Da kann sich doch dein Vater nicht über die eine Fünf aufregen!«

»Er tut es aber!« stellte Karin nüchtern fest. Leise fügte sie hinzu: »Ich hatte solches Bauchweh, daß ich nicht nachdenken konnte!«

»Und warum hast du deinem Lehrer nichts gesagt?« wollte der kleine Lehrer wissen.

Schüchtern antwortete Karin: »Ich habe mich nicht getraut!«

»Es ist schlimm, wenn die Kinder Angst vor ihren Lehrern haben. Sie lernen viel mehr, wenn sie Vertrauen zu ihnen haben, wenn sie ihnen alles sagen.« Das sagte der kleine Lehrer aber so leise, daß Karin es nicht hören konnte.

Er lachte sie an und sagte: »Paß auf, ich schreibe dir etwas in das Heft! Wenn dein Vater das liest, wird er bestimmt nicht böse sein! Ich verspreche es dir!«

Karin sah dem kleinen Lehrer mit großen Augen zu. Er holte nämlich einen ganz seltsamen Stift aus seiner Jakkentasche, der in vielen Farben schillerte und leuchtete. Mit diesem Stift schrieb er in das Arbeitsheft:

»Lieber Herr Juckow,
liebe Frau Juckow,
diese Fünf gilt nicht! Ihre Tochter hat sie bekommen, weil sie Bauchweh hatte. Im Zeugnis wird sie eine Zwei haben. Unterschreiben Sie getrost und glauben Sie mir. Wenn Sie die Noten zusammenzählen, die Karin bisher geschrieben hat, kommt eine glatte Zwei heraus. Ich gratuliere Ihnen zu Ihrer Tochter.

Der kleine Lehrer.«

Er schob Karin das Heft zu und drängte sie, es schnell in ihren Ranzen zu stecken. Dann half er ihr noch beim Mantelanziehen und begleitete sie bis zum Ende des Flures. »Du mußt dich beeilen! Deine Eltern warten bestimmt auf dich!« sagte er ihr zum Abschied.
Karin flitzte los. Sie war dem kleinen Lehrer so dankbar.
Und der kleine Lehrer beeilte sich auch, schnell hinauf in sein Zimmer zu kommen. Er hatte nämlich schon die Stimmen der Putzfrauen gehört.
Der kleine Lehrer sollte recht behalten. Als der Vater die Arbeit sah, wollte er zunächst schimpfen. Doch dann las er, was der kleine Lehrer unter die Arbeit geschrieben hatte. Da mußte er sogar ein bißchen lachen. »Ihr habt aber wirklich nette Lehrer in der Schule!« meinte er und unterschrieb mit vollem Namen: Heinrich Juckow. Zu seiner Frau aber sagte er: »Wir sollten den Lehrer einmal zum Kaffee einladen. So nette Lehrer gibt es nur selten!«
Als Karin am Abend im Bett noch einmal in ihr Arbeitsheft schaute, war sie sehr verwundert. Es war alles wie vorher: die Note, die Unterschrift des Lehrers und die Unterschrift ihres Vaters. Nur das, was der kleine Lehrer geschrieben hatte, stand nicht mehr da. Es war wie aus-

gelöscht. Da mußte Karin noch lange an den seltsamen Stift denken, mit dem der kleine Lehrer in das Heft geschrieben hatte.

Das Erinnerungsalbum

Am Nachmittag dieses ereignisreichen Tages saß der kleine Lehrer in seinem Zimmer und überdachte noch einmal, was er an diesem Mittwoch alles erlebt hatte. Es war seit langer Zeit der erste Tag gewesen, an dem er wieder Unterricht erteilt hatte. Das machte ihn so zufrieden wie schon lange nicht mehr. Er war ganz sicher, daß die kleine Karin keine Schwierigkeiten zu Hause haben würde, und fühlte sich rundherum glücklich. Gar zu gern wäre er noch einmal durch die Schule gegangen, aber die Putzfrauen waren noch bei der Arbeit. Er hörte ihr Plaudern und Lachen bis hinauf in sein Zimmer.
Er war so aufgeregt und ungeduldig, daß er sich irgendeine Beschäftigung suchen mußte, die ihn ein wenig ablenkte. Da fiel ihm sein dickes Erinnerungsalbum ein. Er hatte es lange Zeit nicht angeschaut und meinte, jetzt sei genau der richtige Moment, sich wieder damit zu befassen. So stand er auf und ging leise zu seinem blauen Bett. Er ließ sich auf die Knie hinunter und suchte so lange unter dem Bett, bis er auf ein dickes Album in einem braunen Ledereinband stieß. Das trug er zum Tisch. Dann holte er einen Lappen und putzte den Staub ab, so daß das braune Leder des Einbandes nur so glänzte. Jetzt schob er den Stuhl richtig vor den Tisch, kletterte hinauf und begann, sich mit seinem Erinnerungsalbum zu befassen. Er schlug die erste Seite auf und lächelte leicht vor sich hin. Auf dieser Seite war ein

Bild von einer alten, sehr kleinen Schule aufgeklebt. Unter das Bild hatte er folgenden Satz geschrieben: »Meine einklassige Volksschule in Bayern. 1902.«
Der kleine Lehrer saß den ganzen Nachmittag über dem Erinnerungsalbum, blätterte eine Seite nach der anderen um, freute sich über die Bilder und Eintragungen und erinnerte sich an längst vergangene Zeiten. 1902, vor 81 Jahren, hatte er seinen Abschied vom Schuldienst genommen. An der einklassigen Volksschule in einem kleinen Dorf in Bayern hatte er über 40 Jahre lang den Kindern Lesen, Schreiben und Rechnen beigebracht. So wie jeder andere Lehrer war er täglich in die Klasse gegangen, hatte mit den Kindern gelernt, gemalt, gesungen und gespielt. Es war eine sehr schöne Zeit gewesen. Und als er so alt geworden war, daß er in den Ruhestand treten sollte, da hatte er es nicht glauben können, daß 40 Jahre so schnell vorbeigegangen waren.
Er hatte noch gar keine Lust, die Schule zu verlassen. Er fühlte sich noch nicht alt, und er wußte genau, daß die Kinder ihn sehr vermissen würden. Deshalb schrieb er einen langen Brief an die Regierung. Er berichtete über alles, was in seiner kleinen Schule passierte. Er schrieb aber auch, daß er sich noch immer jung fühle und unglücklich wäre, wenn er jetzt in Pension gehen müsse. Den Brief steckte er in den Briefkasten und wünschte sich, daß die Regierung ihm schnell antworten würde. Er drückte sich selber beide Daumen und wartete.
Jeden Tag fragte er den Briefträger, ob er Post für ihn habe. Doch die Tage gingen ins Land, es folgten die Wochen, und es kam keine Antwort. Da meinte er, die Regierung sei bestimmt einverstanden und habe nur vergessen, ihm zu antworten. Der kleine Lehrer war darüber sehr glücklich und gedachte der Regierung sogar in seinem Abendgebet.

Doch nach acht Wochen kam ein Amtsbrief aus München. Darin stand, daß er »umgehend« im Schulamt in München vorzusprechen habe.
»Aha!« sagte er. »Jetzt wird mir der Schulrat in München sagen, daß ich noch viele Jahre in der Schule bleiben darf. Schließlich weiß ja auch der Schulrat, daß es besser ist, einen Beamten zu haben, der arbeitet, als einen, der von der Pension lebt und die Regierung nur Geld kostet.« Er freute sich auf den Besuch in München und ließ sich vom Dorfschneider extra einen schwarzen Anzug schneidern. Seinen Kindern gab er einen Tag schulfrei und fuhr mit dem Zug nach München. Während der Fahrt überlegte er sich genau, was er dem Schulrat sagen wolle. »Herr Schulrat!« wollte er sagen. »Ist es nicht eine schöne Sache, daß ein Beamter dann noch arbeiten will, wenn er gar nicht mehr muß! Ist es nicht für Sie eine ganz besondere Freude, daß ein Lehrer zu Ihnen kommt und Ihnen sagt: Ich kann noch arbeiten! Ich will noch arbeiten!«
So schön hatte er sich seine Rede vorgestellt, doch es kam ganz anders. Der Schulrat saß hinter seinem großen Schreibtisch und funkelte ihn böse durch seine Brillengläser an. Er ließ ihn überhaupt nicht zu Worte kommen, sondern brüllte gleich los: »Das ist eine Unverschämtheit, was Sie sich hier geleistet haben! Dabei haben Sie noch nicht einmal den Dienstweg eingehalten. Wie kommen Sie dazu, direkt an die Regierung zu schreiben? Sie müssen doch wissen, daß alle Eingaben über mich, den Schulrat, laufen müssen!«
Der kleine Lehrer merkte, daß seine Beine ganz schwach wurden. Er stützte sich auf die Lehne des Stuhls, der vor dem Schulratsschreibtisch stand, denn der Schulrat hatte ihn noch nicht einmal zum Sitzen aufgefordert.
Der Schulrat sagte noch vieles, doch der kleine Lehrer

hörte gar nicht mehr richtig hin. Er war so erschrocken. Er hatte es doch so gut gemeint. Er hatte sogar gedacht, daß er den Schulrat überraschen würde, wenn der plötzlich von der Regierung einen Brief erhielte, in dem geschrieben stand: »Der Lehrer X aus dem kleinen Dorf Y wird nicht pensioniert, sondern darf noch weiterarbeiten. Wir, die Regierung, freuen uns sehr darüber.« Und nun war alles danebengeraten.
Unglücklich starrte er vor sich auf den Boden. Ihm war schlecht.
Der Schulrat sagte: »In vierzehn Tagen ist der letzte Schultag vor den Ferien. Dann gehen Sie in Pension. Und damit Punktum!«
Obwohl sich der kleine Lehrer furchtbar ärgerte, nickte er höflich, verbeugte sich vor dem Schulrat und verließ tief beschämt das Amtszimmer. Er hörte noch, daß ihm der Schulrat nachrief: »Ihre Wohnung muß in den Ferien geräumt werden! Am ersten Schultag nach den Ferien zieht Ihr Nachfolger ein!« Dann ging er wie betäubt durch die Großstadt und wäre um Haaresbreite unter einen Pferdewagen gekommen. Er fuhr mit dem nächsten Zug zurück in sein kleines Dorf und schlich wie ein geprügelter Hund nach Hause.
Aber er ließ die Kinder nichts von seinem Kummer merken. Vierzehn Tage unterrichtete er noch. Die Kinder fanden, daß es noch nie vorher so schön in der Schule gewesen sei. Der Lehrer erzählte ihnen die schönsten Geschichten, die er im Verlauf seiner 40 Dienstjahre gelesen hatte, er sang mit ihnen die schönsten Lieder, spielte mit ihnen die schönste Spiele, die es in einer Schule nur geben kann.
Und weil sie ihn so geärgert hatte, rächte er sich an der Regierung auf seine Weise: Als er nämlich die Zeugnisse schreiben mußte, gab er allen 43 Kindern in allen

Fächern eine Eins. Diese Zeugnisse werden bis zum heutigen Tag in dem kleinen Dorf in Bayern als ein Wunder angesehen. Denn so etwas hat es vorher und nachher nicht gegeben.

Am letzten Schultag schickte er auf dem Dienstweg über den Schulrat an die Regierung einen Brief, in dem er mitteilte, daß er künftig nicht mehr in der einklassigen Volksschule unterrichten werde, und bat, ihm sein Ruhegehalt auf die Sparkasse in Nürnberg zu überweisen. Mit München wollte er nichts mehr zu tun haben.

Am Abend packte er dann zwei Koffer mit den Sachen, die ihm am liebsten waren. Und am nächsten Morgen in aller Frühe stieg er in den ersten Zug und fuhr nach Nürnberg. Dort mietete er sich ein kleines Zimmer und wollte hier seinen Lebensabend verbringen. Die Regierung hatte alles geregelt, und pünktlich zu jedem Monatsanfang erhielt er sein Ruhegehalt.

Nachdem er zehn Jahre in Nürnberg gewohnt hatte, stellte er mit Erstaunen fest, daß er überhaupt nicht älter wurde. Und sein Wunsch, endlich wieder in einer Schule mit Kindern arbeiten zu können, wurde immer größer. Aber noch etwas stellte er fest: Er wurde von Jahr zu Jahr um einige Zentimeter kleiner. Das merkte er daran, daß er sich alle zwei Jahre neue Anzüge schneidern lassen mußte, weil ihm die Hosenbeine über die Schuhe hingen und auf dem Boden schleiften. Die Jakkenärmel waren länger als seine Arme. Das fand er sehr merkwürdig. Dafür fühlte er sich immer jünger. Er suchte einen Arzt auf, doch der konnte ihm nicht helfen. So ein Fall war ihm noch nicht vorgekommen. Deshalb schüttelte er nur den Kopf und meinte: »Seien Sie froh, daß Sie immer jünger werden! Ich glaube, das würde sich jeder wünschen. Im übrigen sind Sie kerngesund!«

Weil der kleine Lehrer nicht wußte, was er mit seinen Kräften und seiner Arbeitslust anfangen sollte, versuchte er es zunächst einmal mit Nachhilfestunden. Er setzte eine Anzeige in die Zeitung und versprach den Eltern, daß er ihren Kindern all das beibringen wolle, was sie in der Schule nicht lernten.
So kam es, daß er bald viele Schüler hatte, mit denen er eifrig arbeitete und die er tatsächlich weiterbrachte. Das ging zehn Jahre so.
Als aber die zehn Jahre herum waren, stellte er fest, daß er wieder um zwanzig Zentimeter kleiner geworden war. Jetzt kam es schon vor, daß ihn die Eltern argwöhnisch betrachteten, wenn er einen neuen Schüler zu Hause aufsuchte. Und einmal sagte ein Vater zu ihm: »Sie wollen ein Lehrer sein? So kleine Lehrer gibt es doch gar nicht. Wie wollen Sie dem Kind große Leistungen beibringen, wenn Sie so klein sind!«
Das ärgerte den kleinen Lehrer so sehr, daß er beschloß, künftig keine Nachhilfestunden mehr zu erteilen. Schließlich war er jetzt schon fast neunzig Jahre alt, fühlte sich aber, als sei er gerade vierzig.
Als er seinen Arzt aufsuchen wollte, war der längst im Ruhestand. Sein Nachfolger aber meinte: »Das macht doch nichts, daß Sie so klein sind. Sie können in jedes Schlüsselloch gucken, ohne sich zu bücken. Sonst sind Sie wirklich ganz gesund. Wenn ich mit vierzig Jahren noch so gesund wäre wie Sie, dann wäre ich froh!«
Da sagte der kleine Lehrer nicht, wie alt er wirklich war, mußte aber heimlich lachen. Und weil es ihm in Nürnberg mit der Zeit zu langweilig wurde, packte er seine beiden Koffer, teilte der Regierung mit, daß sie künftig sein Geld nach Würzburg zur Sparkasse schicken sollte, und reiste mit dem Zug ab.
Zu dieser Zeit quartierte sich der kleine Lehrer zum er-

stenmal in einer Schule ein. Er hatte nämlich erfahren, daß in einem Dorf in der Nähe von Würzburg ein Lehrer fehlte. So hatte es in der Zeitung gestanden.
Der kleine Lehrer sah das als einen Wink des Himmels an. Und eines Tages stellte er sich in dem Dorf auf dem Bürgermeisteramt dem Bürgermeister vor. »Ich möchte Ihre Kinder unterrichten!« sagte er. Der Bürgermeister wunderte sich zunächst ein wenig über den neuen Lehrer, der ihm genau bis zum Bauch reichte. Dann dachte er aber: Ein kleiner Lehrer ist besser als gar keiner, und führte den kleinen Lehrer in das Schulhaus.
Vier Monate lang unterrichtete der kleine Lehrer in der einklassigen Schule des Dorfes in der Nähe von Würzburg, und es machte ihm und den Kindern viel Freude. Da erhielt der Bürgermeister eines Tages einen Brief von der Regierung, in dem zu lesen war, daß nach den Sommerferien endlich der Lehrer für die Schule eintreffen würde. Der Bürgermeister wunderte sich sehr und lief mit dem Brief sofort zu dem kleinen Lehrer. Der las den Brief sorgfältig, lächelte ein bißchen merkwürdig und meinte: »Es dauert oft lange, bis die Regierung dahinterkommt! Aber dann ist wohl alles in Ordnung! Ich werde die Sache schon regeln!« Er holte auch gleich Papier und Federhalter und schrieb einen Brief.
Der Herr Bürgermeister war froh, daß der kleine Lehrer die Sache in die Hand nahm und ging wieder zum Rathaus zurück.
Der kleine Lehrer schrieb an die Regierung: Schicken Sie bitte mein Geld künftig an die Sparkasse in Frankfurt am Main! Vor den Ferien verabschiedete er sich von seinen Schulkindern, packte seine beiden Koffer und ging auch zum Herrn Bürgermeister. Er sagte ihm, daß alles in Ordnung sei und er nun weitermüsse. Der neue Lehrer werde sofort nach den Ferien kommen.

Dem Herrn Bürgermeister tat es leid, daß der kleine Lehrer versetzt wurde. Er hatte ihn richtig gern gehabt. Weil aber auch Bürgermeister sich nach dem richten müssen, was von der Regierung angeordnet wird, konnte er nichts daran ändern und versuchte es auch nicht. Im Laufe der Jahre hatte der kleine Lehrer immer genau aufgepaßt, wenn er hörte, daß irgendwo ein Lehrer fehlte. Er war dann sofort eingesprungen. So lange, bis die Stelle von Amts wegen wieder besetzt wurde. Und weil die Regierung ihm sein Ruhegehalt weiterzahlte, konnte er es sich leisten, zu arbeiten, ohne dafür Geld zu erhalten. Besonders in der Kriegszeit hatte der kleine Lehrer viel zu tun. Viele Lehrer waren eingezogen worden und mußten als Soldaten in den Krieg ziehen. Und weil der Krieg wichtiger war als die Kinder, herrschte großer Lehrermangel.
In jener Zeit hatte der kleine Lehrer vormittags und nachmittags an drei verschiedenen Schulen Unterricht erteilt. Damals hatte er auch zufällig den seltsamen, schillernden Farbstift gefunden, den er bis zum heutigen Tag als einen ganz besonders kostbaren Schatz sorgsam hütete. Er hatte damit schon manchem Kind aus der Not geholfen.
Auch nach dem Krieg war es dem kleinen Lehrer gelungen, immer wieder an einer anderen Schule unterzuschlüpfen.
Vor einem halben Jahr war er zufällig in die große Gesamtschule gekommen. Und weil ihn eine so große Schule sehr interessierte, hatte er sich dort genau umgesehen. Der kleine Lehrer hatte auch bemerkt, daß in dieser Schule ein Fenster zuviel war. Er hatte gerechnet und gerechnet, geprüft und geprüft und war tatsächlich dahintergekommen, daß hier ein verstecktes Zimmer war. So hatte sich der kleine Lehrer dort häuslich eingerichtet

und freute sich diebisch, daß er wieder in einer richtigen Schule wohnen konnte, sogar in einer neuen Gesamtschule.
Nur mit den vielen Autos auf den Straßen hatte es der kleine Lehrer schwer. Er konnte sich nicht an den Verkehr gewöhnen. Einmal wäre er fast überfahren worden.
Da entdeckte er eines Tages die Schulanfänger mit ihren gelben Mützen. Und weil ihm diese Mützen sehr praktisch erschienen, kaufte er sich schon am nächsten Tag einen zitronengelben Hut, den er nun immer trug. Seit dieser Zeit fühlte er sich viel sicherer. Mit seinem gelben Hut gelangte er gefahrlos von einer Straßenseite auf die andere. Die Autofahrer stutzten, lächelten über den kleinen Mann mit dem gelben Hut und der leuchtfarbenen Fliege und zeigten ihm durch eine großmütige Handbewegung an, daß er getrost die Straße überqueren solle. Sie würden schon aufpassen, daß ihm nichts passiere.
Der kleine Lehrer klappte sein Album zu und seufzte tief. Über seinen Erinnerungen hatte er alles um sich herum vergessen.
Im Haus war es still geworden. Die Putzfrauen waren längst gegangen. Als er auf seine silberne Taschenuhr blickte, stellte er erstaunt fest, daß es schon fast 17 Uhr war. »Höchste Zeit!« murmelte er vor sich hin. »Ich habe kein Brot mehr! Und Butter fehlt auch! Ich muß noch zum Kaufhaus gehen!« Er suchte im Küchenschrank nach seiner Einkaufstasche. Als er sie gefunden hatte, zog er seinen Mantel an und setzte seinen gelben Hut auf. Er lauschte einen Augenblick lang, ob in der Schule alles still sei, dann schloß er die kleine Tür auf und machte sich auf den Weg.

Der kleine Lehrer in der Stadt

Weil in der großen Gesamtschule alles so still war und keine Gefahr bestand, daß ihn jemand stören würde, machte der kleine Lehrer noch einen Abstecher in das Sekretariat. Er stand lange vor dem großen Stundenplan und stellte ärgerlich fest, daß der Direktor seinen freundlichen Wink nicht beachtet hatte. Die Klasse 3b war weiterhin mittwochs in der dritten und vierten Stunde ohne Lehrer. Je länger der kleine Lehrer aber auf den Stundenplan schaute, um so weniger ärgerlich war er. Wenn nämlich der Direktor wirklich bemerkt hätte, daß in der Klasse 3b ein Lehrer fehlte, dann hätte er, der kleine Lehrer, am nächsten Mittwoch nicht mehr zu den Kindern gekonnt. So stand er eine Weile still da, dachte ein wenig nach und merkte, daß er sich zu freuen begann. Seine Freude wurde so groß, daß er plötzlich ganz laut »Juchhu!« rief. Aber dann hielt er sich erschrocken den Mund zu, denn allzu laut durfte er in dem leeren Schulhaus nicht sein, sonst würde ihn am Ende doch noch jemand hören. Und der kleine Lehrer beabsichtigte nicht, in nächster Zeit seine Wohnung in dieser großen Gesamtschule aufzugeben. So flüsterte er noch einmal ganz vorsichtig und verhalten: »Juchhu.« So leise, daß das bestimmt niemand hören konnte.

Dann schloß er das Zimmer des Direktors auf, ging zu dem großen Schreibtisch, nahm einen Zettel aus dem Zettelkasten und griff nach dem Rotstift des Direktors. Diesmal schrieb er einen sehr netten Brief. Er schrieb:

»Lieber Herr Direktor,
ich danke Ihnen, daß Sie den Wurm dringelassen haben.
Falls ich Ihnen vorher nicht noch einmal schreibe, wün-

sche ich Ihnen und Ihrer Gattin ein frohes Osterfest!
Der kleine Lehrer.«

Und um den Brief noch schöner zu gestalten, malte er auf den linken unteren Rand noch einen kleinen Osterhasen. Mit einem Nest und bunten Ostereiern, versteht sich. Dann ging er zufrieden aus dem Zimmer, verschloß alles sorgfältig hinter sich und machte sich auf den Weg zur Stadt.

Der kleine Lehrer hatte seine Einkaufszeit so eingerichtet, daß er immer dann aus dem Schultor trat, wenn gerade das Nachmittagsprogramm im Fernsehen begonnen hatte. Der Hausmeister war nämlich ein begeisterter Fernseher und hatte mit seiner Leidenschaft auch seine Frau angesteckt. So saßen beide jeden Nachmittag vor dem Fernsehapparat.

Erst kurz vor den Nachrichten pflegte der Hausmeister seinen Rundgang zu machen. Vorher war Cerox, sein Cockerspaniel, auf dem Schulhof, und der paßte ganz genau auf und bellte schon, wenn etwas los war. »Es ist ein schlaues Tier!« sagte der Hausmeister oft zu seiner Frau. Er setzte sich vor den Fernsehapparat und wußte, daß sein Hund jetzt an seiner Stelle auf die große Gesamtschule aufpaßte. Cerox lief aufgeregt bis zur großen Eingangstür und wartete. Sobald er nur ein winziges Geräusch in der Schule hörte, wedelte er freudig mit dem Schwanz. Ganz närrisch wurde er, als der kleine Lehrer die Tür aufschloß und heraustrat. Cerox sprang an ihm hoch und stieß vor lauter Freude ganz winzige hohe Quieker aus.

»Ist schon gut, mein Großer!« lachte der kleine Lehrer und streichelte ihn zärtlich. Er hatte sich dabei blitzschnell an die Schulwand gelehnt, weil es schon einmal vorgekommen war, daß Cerox ihn vor lauter Freude

umgeworfen hatte. »Na, dann wollen wir mal!« meinte er und gab dem Spaniel einen leichten Klaps.
Cerox lief neben ihm her bis zum großen Schultor, dann machte er es sich vor dem Tor bequem. Hier würde er liegenbleiben und warten, bis der kleine Lehrer wieder zurückkam. Der winkte Cerox freundlich zu, warf einen verstohlenen Blick zur Hausmeisterwohnung, in der sich aber nichts rührte, und machte sich auf den Weg in die Stadt.
Im Kaufhaus kannten ihn viele Verkäufer. Sie hatten sich zwar anfangs ein wenig über ihn lustig gemacht, weil er so klein war, daß man gerade so eben seinen gelben Hut über dem Kassentisch sehen konnte. Aber weil der kleine Lehrer so freundlich war und auch das Lachen nicht übelnahm, hatten sie sich so an ihn gewöhnt, daß sie ihn fast ein bißchen gern hatten und es vermißt hätten, wenn er an einem Tag nicht gekommen wäre.
Der kleine Lehrer war auch in den anderen Geschäften gut bekannt, besonders in der Buchhandlung. Der Buchhändler freute sich jeden Nachmittag auf den Besuch des kleinen Lehrers. Und weil der kleine Lehrer so regelmäßig kam, hatte der Buchhändler es sich angewöhnt, zu dieser Zeit eine Tasse Kaffee zu trinken und mit dem Lehrer in dem kleinen Raum hinter dem Laden gemütlich zu sitzen und zu plaudern. Selbstverständlich lud er den kleinen Lehrer auch zu einer Tasse Kaffee ein. In dieser Zeit mußte das Lehrmädchen allein den Buchladen besorgen. Und nur dann, wenn sehr viel Betrieb im Laden war, holte sie den Buchhändler zu Hilfe.
Der kleine Lehrer ging gern in die Buchhandlung und kaufte viele Bücher, denn ihn interessierte alles, was in der Welt vor sich ging. Er kaufte auch regelmäßig eine Fernsehzeitung. Obwohl er keinen Fernsehapparat hatte, war er immer bestens informiert.

An diesem Tag kaufte sich der kleine Lehrer ein dickes Quizbuch. Denn das Quiz in der Klasse 3b hatte auch ihm großen Spaß gemacht.
Es ging schon auf 18 Uhr zu, als der kleine Lehrer sich auf dem Heimweg befand. Er mußte jetzt noch durch die Elisenstraße, dann waren es nur noch ein paar hundert Meter bis zur Schule. Er hatte viel zu schleppen und beeilte sich, möglichst rasch nach Hause zu kommen.
In der Elisenstraße aber ereilte den kleinen Lehrer ein Unglück. In Haus Nummer 13 wohnte die Familie Koch. Die Kochs hatten zwei Kinder und einen riesigen Schäferhund, der Pollux hieß. Pollux war ein guter Wächter. Er bellte jeden an, der am Haus vorbeikam. Aber weil er an der Kette lag und außerdem das Gartentor immer geschlossen war, hatten sich die Leute an das Bellen gewöhnt und gingen ruhig an dem Haus mit der Nr. 13 vorbei. Auch der kleine Lehrer hatte, nachdem er einmal stehengeblieben war und dem Hund einige freundliche Worte zugerufen hatte, sich an Pollux und dessen Bellen so gewöhnt, daß er es fast nicht mehr hörte. Aber an diesem Tag hatte Olaf Koch vergessen, das Gartentor richtig zu schließen. Und Herr Koch hatte Pollux ausgerechnet an diesem Tag nicht an die Kette gelegt.
Zunächst hatte Pollux gar nicht bemerkt, daß etwas anders war als sonst. Er hatte ein wenig geschlafen, zwischendurch die Vorübergehenden angebellt und weitergeschlafen. Als nun der kleine Lehrer am Gartentor vorbeikam, bellte Pollux zunächst einmal so, wie er das bisher immer getan hatte. Dann merkte er plötzlich, daß das Gartentor offenstand. Da wurde sein Bellen schon viel bedrohlicher. Er sprang auf und zerrte an der Kette. Doch welch ein Wunder, die Kette gab nach! Mit Erstaunen stellte Pollux fest, daß die Kette nicht befestigt

war, sondern daß sie von seinem Hals lose herunterhing. Im nächsten Augenblick war er schon hochgesprungen und hetzte mit großen Sprüngen auf das geöffnete Gartentor zu.
Der kleine Lehrer sah das Ungetüm auf sich zukommen. Zunächst dachte er daran, einfach davonzulaufen. Aber im gleichen Augenblick fiel ihm ein, daß seine Beine zu kurz waren, um dem aufgebrachten Tier zu entkommen.
Ob Pollux einfach wütend war, daß das Gartentor offenstand, oder ob er sich über den kleinen Mann mit dem gelben Hut ärgerte, läßt sich nicht sagen. Daß er aber wie ein Blitz auf den kleinen Lehrer losging, ihn stellte und sich dann auf ihn warf, stimmt leider.
Bevor sich der kleine Lehrer recht versah, lag er auf dem Rücken und sah über sich die rote, hechelnde Zunge des riesigen Schäferhundes, der jetzt auch noch anfing, wild zu bellen.
Der kleine Lehrer hatte schreckliche Angst. So etwas war ihm noch nie passiert. Er wagte noch nicht einmal, um Hilfe zu rufen, weil er fürchtete, der riesige Schäferhund würde noch böser werden. Und reizen wollte er das Tier bestimmt nicht. Als er dachte, es sei alles verloren, hörte er Schritte auf sich zukommen.
Frau Koch hatte das ungewohnt böse Bellen ihres Hundes gehört und war hergekommen, um nachzuschauen, was Pollux wohl hatte. Wie erschrak sie, als sie sah, daß der Hund über einem kleinen, dicken Mann stand und wütend bellte. »Komm sofort zu mir, Pollux!« rief sie aufgebracht. Pollux knurrte. Weil er aber ein gut dressierter Hund war, gehorchte er sofort, blickte den kleinen Lehrer bitterböse an und schlich mit eingezogenem Schwanz zu seiner Herrin. Sie packte ihn, zog ihn hinter sich in den Hof und legte ihn an die Kette. Dann kam sie

sogleich zurückgelaufen und kümmerte sich um den kleinen Lehrer. »Verzeihen Sie, mein Herr!« sagte sie und half ihm, der wie starr auf der Erde gelegen hatte, auf die Füße. Sie suchte auch die Sachen zusammen, die dem kleinen Lehrer durch den wuchtigen Anprall aus der Einkaufstasche gefallen waren.

»Es war nur der Schreck!« sagte der kleine Lehrer freundlich und wollte weitergehen.

Da sah Frau Koch mit Erstaunen den gelben Hut.

»Sagen Sie mal, sind Sie der kleine Lehrer, bei dem heute morgen unser Olaf Unterricht hatte?«

Der kleine Lehrer klopfte sich verschämt den Schmutz von seinem linken Mantelärmel und nickte.

»Ach, kommen Sie doch bitte für einen Augenblick herein. Unser Olaf hat den ganzen Nachmittag von Ihnen erzählt. So gut hat es ihm in der Schule noch nie gefallen.« Frau Koch strömte fast über vor Freundlichkeit. »Ich habe schon daran gedacht, morgen persönlich zum Direktor zu gehen. Ich möchte ihn bitten, daß Sie die Klasse doch ganz übernehmen sollen. Da lernen die Kinder wenigstens etwas!«

Der kleine Lehrer wehrte bescheiden ab. »Tun Sie das bitte lieber nicht!« sagte er. »Das kann der Herr Direktor ganz und gar nicht leiden!«

Frau Koch hatte ein sehr schlechtes Gewissen gegenüber dem kleinen Lehrer. Sie war richtig wütend auf ihren Pollux. Sie hätte so gern den Schaden wiedergutgemacht. Deshalb lud sie den kleinen Lehrer ein, doch für einen Augenblick mit ins Haus zu kommen, damit sie seinen Mantel, der durch den Sturz etwas gelitten hatte, ordentlich mit der Bürste säubern konnte.

Zögernd stimmte der kleine Lehrer zu.

Für die Familie Koch war es das erstemal, daß ein Lehrer zu ihnen ins Haus kam. Manchmal hatte sich Frau Koch

sehr gewünscht, über die Sorgen, die sie mit ihren Kindern hatte, einmal mit einem Lehrer aus der großen Gesamtschule sprechen zu können. Aber nur einmal im Halbjahr war dort ein Elternsprechtag angesetzt. Ins Haus kamen die Lehrer nicht. Sie sagten, dazu hätten sie keine Zeit. War aber Elternsprechtag, dann warteten so viele Eltern vor der Tür jedes Lehrers, daß es oft über eine Stunde dauerte, bis Frau Koch endlich in das Klassenzimmer gehen konnte. Dann saß der Lehrer hinter seinem Tisch, und Frau Koch mußte an ihre eigene Schulzeit denken, bekam plötzlich riesige Angst und brachte kein Wort heraus. Da nutzte es auch nichts, daß der Lehrer durchaus freundlich war. Sie konnte nur nikken, ein wenig den Kopf schütteln und ab und zu ein leises »Hm« herausbringen. Dann sagte der Lehrer plötzlich: »Ja, Frau . . . wie war noch Ihr Name? . . . Frau Koch, Sie wissen, daß noch viele Eltern warten. Bis bald einmal!«
Und ehe sich Frau Koch versah, stand sie schon wieder vor der Tür. Auf dem Heimweg ärgerte sie sich dann schrecklich, daß sie kein Wort herausgebracht hatte, daß sie nicht gefragt hatte, was sie hatte fragen wollen, und daß sie eigentlich überhaupt nicht mehr wußte, was der Lehrer zu ihr gesagt hatte. Wie glücklich wäre sie gewesen, wenn sie ein Lehrer einmal zu Hause besucht hätte. Hier im eigenen Wohnzimmer hätte sie bestimmt keine Angst gehabt. Und ohne Tafel und Lehrertisch wäre ihr der Lehrer auch nicht so unheimlich erschienen.
Aber Lehrer kamen nicht ins Haus. Sie interessierten sich für die Schüler nur in der Schule.
So war Frau Koch trotz des Unglücks sehr froh, daß der kleine Lehrer zu ihr ins Wohnzimmer kam. Blitzschnell hatte sie eine Schale mit Gebäck herbeigezaubert und bereits die Kaffeemaschine angestellt.

Der kleine Lehrer sah sich im Wohnzimmer um, zog seinen Mantel aus und legte ihn über einen Sessel. Da entdeckte er Olaf, der sich ganz verschämt in eine Ecke verzogen hatte, weil es ihm doch sehr ungewöhnlich vorkam, den kleinen Lehrer plötzlich und unerwartet im eigenen Wohnzimmer anzutreffen. Und da Jungen immer ein schlechtes Gewissen haben, meinte er, daß der kleine Lehrer etwas ganz Schlimmes entdeckt haben müßte. Sonst wäre er bestimmt nicht zu ihnen nach Hause gekommen. Er konnte sich jedenfalls nicht erinnern, daß jemals ein Lehrer einen Schüler zu Hause besucht hatte.
Der kleine Lehrer spürte auch, daß es Olaf sehr unbehaglich zumute war. Deshalb lächelte er ihm freundlich zu und sagte:

»Lieber Olaf, sei so gut,
bürste mir mal meinen Hut.
Auch mein Mantel, sonst so fein,
ist heut gar nicht stubenrein!«

Genau in dem Augenblick, als Olaf den kleinen Lehrer dichten hörte, erinnerte er sich wieder daran, wie lustig sie es heute zusammen in der Schule gehabt hatten. Sogleich war seine Angst wie weggeblasen, sein Gesicht bekam wieder den pfiffigen Ausdruck, und er antwortete genauso selbstbewußt wie morgens in der Schule:

»Eine Bürste. Und schon eil ich.
Eine Bürste! Selbstverfreilich!«

Und weil er beim Hinauslaufen aus der Tür noch bemerkt hatte, daß der kleine Lehrer über seine ulkige Reimerei schmunzelte, beeilte er sich wirklich sehr und kehrte gleich mit der Bürste zurück.

Als Frau Koch mit der Kaffeekanne kam, hatten die beiden den Mantel und den Hut bereits so gründlich gebürstet, daß alles wieder wie neu aussah. Frau Koch merkte auch, daß sich Olaf und der kleine Lehrer gut verstanden und wirklich Spaß aneinander hatten. Sie erzählten von der Schule. Frau Koch hörte zunächst nur zu, aber dann rückte sie auch mit ihren Sorgen heraus. Und wirklich, hier im Wohnzimmer konnte sie ganz normal sprechen. Sie redete und redete, und der kleine Lehrer hörte zu.

Später kam auch Herr Koch hinzu. Er hatte mit dem Auto ihre Tochter Angelika von der Klavierstunde abgeholt.

Der kleine Lehrer beruhigte Frau Koch, so daß sie am Ende meinte, sich überhaupt keine Sorgen mehr machen zu müssen.

Inzwischen war es draußen dunkel geworden. Jetzt dachte der kleine Lehrer aber ernsthaft ans Heimgehen. Doch da kam er bei den Kochs schlecht an. Frau Koch deckte schnell den Abendbrottisch, und sie aßen zusammen und erzählten, bis es so spät wurde, daß die Kinder ins Bett mußten.

»Bis zum nächsten Mittwoch!« sagte Olaf und blinzelte dem kleinen Lehrer zu. Der blinzelte zurück.

Angelika aber meinte: »So einen Lehrer möchte ich auch haben!« Aber das sagte sie ganz leise zu ihrer Mutter, als die ihr den Gutenachtkuß gab.

Die Eltern erzählten dem kleinen Lehrer, was sie erlebt hatten, als sie früher in die Schule gingen. Und er erzählte von Streichen und Späßen seiner Schüler. Es war so richtig gemütlich. Der kleine Lehrer trank an diesem Abend drei Gläser Frankenwein. Der Wein schmeckte ihm so gut wie lange nicht mehr. Er spürte auch, daß er ganz rote Backen bekam und lustig wurde.

Weil er aber vor vielen Jahren gelernt hatte, daß ein Lehrer sich in schwierigen Situationen immer tadellos benehmen muß, verabschiedete er sich, als er spürte, daß der Frankenwein ihm zu Kopf stieg.
Herr Koch ließ es sich nicht nehmen, den kleinen Lehrer nach Hause zu fahren. »Zur Schule«, sagte der kleine Lehrer. So lud Herr Koch ihn genau vor dem Schultor ab.
Der kleine Lehrer dankte sehr höflich und war im nächsten Augenblick verschwunden.
»Ein netter Mann!« sagte Herr Koch zu sich selbst, als er weiterfuhr. »So klein und so nett. Richtig ein Lehrer zum Gernhaben!«
Zur gleichen Zeit sagte der Hausmeister zu seiner Frau: »Ich glaube, da ist ein Auto vorgefahren!«
»Um diese Zeit bestimmt nicht!« meinte die Hausmeistersfrau und blickte entrüstet auf die Wohnzimmeruhr. »Es ist fast zwölf Uhr. Die Spätnachrichten sind ja schon vorbei!«
»Cerox hätte auch bestimmt gebellt!« meinte der Hausmeister. »Mich wundert es überhaupt, daß er heute nicht ins Haus will!«
In diesem Augenblick kratzte Cerox an der Haustür. »Na endlich!« sagte der Hausmeister und ließ ihn herein. Cerox war zufrieden. Er hatte lange auf den kleinen Lehrer warten müssen.

Unterricht am Donnerstag

Am Donnerstagmorgen genau um neun Uhr hatte der Direktor alle Leute, die mit Hilfe des Hauptschlüssels in sein Zimmer gelangen konnten, vor seinem Schreibtisch

versammelt. Da standen der Konrektor, die Sekretärin und der Hausmeister, alle mit hängenden Köpfen. »Es ist eine Unverschämtheit!« donnerte der Direktor. Der Konrektor nickte bestätigend. Der Hausmeister und die Schulsekretärin ließen ihre Köpfe noch ein Stückchen tiefer hängen.
Der Direktor griff erneut nach dem Zettel, den er an diesem Morgen auf seinem Schreibtisch gefunden hatte, und las ihn zum drittenmal laut vor. Den Schluß der Mitteilung aber brüllte er nur so heraus: »Falls ich Ihnen vorher nicht noch einmal schreibe, wünsche ich Ihnen und Ihrer Gattin ein frohes Osterfest! Der kleine Lehrer!«
»Hier spinnt einer!« stellte der Konrektor sachlich fest.
Der Direktor schnaubte einmal kurz und sagte dann: »Die Unterschrift ärgert mich am allermeisten. Erst gestern habe ich einen Zettel mit der gleichen Unterschrift in den Papierkorb geworfen!«
Der Hausmeister versuchte, die Sache auf die Schüler abzuwälzen und meinte: »Das ist ein Schülerstreich, bestimmt ein Schülerstreich!«
Der Direktor schlug mit der Faust auf seinen Schreibtisch und brüllte: »Wie kann ein Schüler in mein Zimmer kommen? Nur wir vier haben einen Hauptschlüssel!« Er wandte sich plötzlich an den Hausmeister. »Oder könnten vielleicht die Putzfrauen ...?« Er dachte einen Augenblick nach. »Nein, das ist unmöglich. Wie kämen sie auf einen so dummen Gedanken!«
Da nickte auch der Hausmeister und fügte hinzu: »Ich habe den Putzfrauen selbst die Tür aufgeschlossen. Anschließend habe ich die Tür wieder zugeschlossen. Die Putzfrauen haben nichts damit zu tun!«
»Und kleine Lehrer gibt es nicht!« sagte der Konrektor.
Der Direktor faltete den Zettel sorgfältig zusammen

und legte ihn in einen Kasten auf seinem Schreibtisch, auf dem »Unerledigt« stand. Dann diktierte er der Schulsekretärin: »Derjenige, der mir einen ungereimten, mit ›Der kleine Lehrer‹ unterschriebenen Brief geschrieben und dieses ungereimte Zeug auf meinen Schreibtisch im Schulleiterzimmer gelegt hat, hat sich umgehend bei mir zu melden. Der Direktor.«
Im nächsten Augenblick war die Sekretärin schon ins Sekretariat gelaufen, hatte sich vor ihre elektrische Schreibmaschine gesetzt, sechs Bogen mit fünf Blatt Kohlepapier dazwischen eingespannt und ratterte nun in Windeseile auf der Maschine herum. Kurze Zeit später legte sie die Bogen bereits dem Direktor vor. Der schloß seine Schreibtischschublade auf und knallte noch das runde Dienstsiegel auf jedes Blatt. Dann überreichte er die Zettel dem Hausmeister und ordnete an: »Dieser Aushang wird an jedes Schwarze Brett geheftet. Und das sofort!«
Der Hausmeister griff nach den Zetteln und verdrückte sich eiligst. Auch die Schulsekretärin beeilte sich, wieder in ihr Sekretariat zu kommen, und schloß die Tür zum Direktorzimmer behutsam hinter sich. Der Konrektor aber meinte: »Wehe dem Kerl, der sich jetzt nicht meldet!« Der Schulleiter aber saß noch lange Zeit an seinem Schreibtisch und brütete finster vor sich hin.

Zur gleichen Zeit war der kleine Lehrer aufgewacht und rieb sich den Schlaf aus den Augen. Er hatte sehr gut geschlafen und fühlte sich an diesem Morgen so richtig ausgeschlafen und zufrieden. Als er aufstand und den Fenstervorhang zur Seite schob, störte es ihn nur wenig, daß draußen ein leichter Regen niederging. »Das ist nur äußerlich!« sagte der kleine Lehrer zu sich selbst und stellte das Kaffeewasser auf. Er schnitt sich zwei dicke

Weißbrotscheiben ab, gönnte sich zur Feier des Tages auch noch zwei Scheiben Schinken und deckte den Kaffeetisch so schön mit der blaugeblümten Tasse und der alten Kaffeekanne, daß er selbst seine Freude daran hatte. Und als der Wasserkessel leise summte, war er so glücklich, daß er dazu eines seiner Lieblingslieder vor sich hinbrummelte.

Er hatte sich gerade seinen Kaffee aufgegossen und wollte eben die Schinkenscheiben auf sein Butterbrot legen, da stellte er überrascht fest, daß es furchtbar laut im Gebäude war. Er horchte einen Augenblick, dann sagte er: »Das muß von unten kommen!« Er kletterte von seinem Stuhl, legte sich platt hin und drückte sein linkes Ohr ganz fest auf den Fußboden. Dann stand er auf, klopfte sich ein wenig die Hose und die Jacke ab und meinte: »Natürlich wieder die Klasse 9a. Da wird der Fachlehrer krank sein, und der Direktor hat vergessen, einen Vertretungsplan aufzustellen!«

Der kleine Lehrer schüttelte den Kopf und ärgerte sich ein bißchen über den Direktor. »An so etwas muß man einfach denken!« sagte er zu sich selbst. »Es macht ja nichts, daß ich durch den Lärm gestört werde. Schließlich kann es in einer Schule nicht immer leise sein. Aber wenn sich die Großen da unten den ganzen Vormittag selbst überlassen bleiben, dann kann alles mögliche passieren!« Jetzt ärgerte er sich so sehr, daß ihm sein Frühstück nicht mehr schmeckte. »Dann werde ich eben den Vertretungsunterricht übernehmen!« sagte er und griff nach seinem gelben Hut.

Der kleine Lehrer schloß seine Tür auf, ging durch den Abstellraum, öffnete die Tür und verschloß sie sorgfältig hinter sich. Er lauschte kurz. Als er sicher war, daß niemand in der Nähe war, machte er sich auf den Weg zur Treppe, um in die Klasse 9a zu gelangen.

Gegenüber der Treppe war eine große Anschlagtafel. Dort wurden alle Verordnungen des Direktors aufgehängt. Auf den ersten Blick sah der kleine Lehrer, daß ein neuer Aushang befestigt war. Und weil er von Natur aus neugierig war, nahm er sich noch einen Augenblick Zeit, um ihn zu studieren. Als er dann las, was der Direktor geschrieben hatte, war er zunächst sehr erschrokken. Dann schlug er sich mit der flachen Hand gegen die Stirn und sagte zu sich selbst: »Ich bin doch auch wirklich ein Esel! Bestimmt hätte sich der Herr Direktor gefreut, wenn ich ihm alles in schönen Reimen aufgeschrieben hätte. Vielleicht ist er ein heimlicher Dichter und kann ungereimtes Zeug nicht ausstehen!« Der kleine Lehrer nickte nachdenklich. »So wird es sein!« sagte er. »Aber es ist selten zu früh und nie zu spät!«
Und weil er den Direktor wirklich nicht verärgern wollte, nahm er seinen Farbstift heraus und schrieb unter den Stempel mit klarer und deutlicher Schrift:

»Ich hatte nur sehr wenig Zeit
und reimte nicht. Das tut mir leid.
Und weil Sie ungereimtes Zeug nicht lieben,
wird es in Reimen jetzt geschrieben:
Heult draußen noch der Wintersturm,
hier drinnen sitzt ganz brav der Wurm
und möchte niemals mehr von hinnen,
drum lassen Sie den Wurm hier drinnen.
Es grüßt Sie freundlich ein Verehrer!
Gruß und Kuß! Der kleine Lehrer.«

Zufrieden steckte er seinen Stift wieder ein. Als er aber auf den Flur wollte, um in die Klasse 9a zu gehen, begegnete ihm eine ältere Lehrerin. Zunächst erschrak der kleine Lehrer ein wenig. Weil er aber keine Möglichkeit

sah, sich irgendwo noch schnell zu verstecken, ging er schnurstracks auf die Lehrerin zu, lächelte sie freundlich an, zog höflich seinen gelben Hut und grüßte: »Guten Morgen, Frau Kollegin!« Dann ging er beschwingt weiter.
»Guten Morgen!« grüßte die Lehrerin zurück. Dann blieb sie plötzlich stehen, faßte sich ans Herz, öffnete den Mund und kam richtig in Atemnot. »Das kann doch nicht möglich sein!« sagte sie zu sich selbst. »Ein winziger Mann mit einem zitronengelben Sheriffhut läuft während des Unterrichts durch die Schule und sagte zu mir: ›Guten Morgen, Frau Kollegin!‹« Sie seufzte schwer. »Spinne ich, oder bin ich verrückt?«
Sie drehte sich noch einmal um. Aber da war niemand mehr zu sehen. Der lange Flur war so leer wie immer, wenn der Unterricht begonnen hatte. Kurz entschlossen ging sie auf die nächste Klassentür zu und öffnete sie. »Herr Kollege, kann ich Sie einmal für einen Moment sprechen?« rief sie dem Lehrer zu, der vor der Tafel stand und dabei war, seinen Schülern eine schwierige Textaufgabe aufzuschreiben.
»Muß das jetzt sein?« fragte er und runzelte unwillig die Stirn.
»Bitte, es ist sehr wichtig!« flehte die Lehrerin.
So sagte der Lehrer zu seinen Schülern: »Ich bin gleich wieder da. Ich will keinen Mucks hören!« Dann kam er zur Tür, trat auf den Flur, ließ die Tür aber einen kleinen Spalt offen. »Was ist los?« wollte er wissen.
Die Lehrerin guckte ihn ein wenig ängstlich und zweifelnd an. Dann fragte sie: »Kennen Sie einen Kollegen, der etwas über einen Meter groß ist und einen zitronengelben Hut trägt?«
»Wie bitte?« fragte der Lehrer und starrte seine Kollegin erstaunt an.

»Etwa so groß ...«, wiederholte diese und gab mit ihrer Hand an, wie groß der kleine Lehrer ihr erschienen war. »Mit einem zitronengelben Hut!«

Der Lehrer fragte nicht noch einmal. Er schaute die ältere Kollegin nur ganz seltsam an und sagte ganz, ganz ruhig und leise zu ihr: »Ja, ja. Es wird alles gut. Und bald gibt es Osterferien!« Dann verdrückte er sich, so schnell er nur konnte, und eilte zurück in seinen Klassenraum. Vor der Tafel blieb er noch ein wenig verwirrt stehen, schüttelte dann ganz energisch den Kopf, blickte einen Schüler streng an und sagte: »Klennert, lies vor, was ich bisher geschrieben habe!«

Der kleine Lehrer hatte inzwischen die Klasse 9a erreicht. Als er die Tür öffnete, schlug ihm Lärm entgegen. Die Schüler merkten überhaupt nicht, daß jemand hereingekommen war. Zwei Jungen lagen auf dem Mittelgang und rauften sich, daß die Fetzen flogen. Die übrigen Schülerinnen und Schüler hockten auf den Tischen, standen auf den Stühlen und feuerten die beiden Kampfhähne an. Es war ein solches Gekreische im Raum, daß man sein eigenes Wort nicht verstehen konnte.

»Ruhe!« sagte der kleine Lehrer. »Ruhe!« sagte er noch einmal.

Aber kein Mensch richtete sich danach. Niemand nahm den kleinen Lehrer überhaupt zur Kenntnis. Der holte tief Luft und versuchte es noch einmal. Wieder hatte er nicht den geringsten Erfolg.

Er konnte auch nicht genau feststellen, was eigentlich vor sich ging, denn die Schüler der 9a waren so groß wie Erwachsene und überragten den kleinen Lehrer alle mindestens um zwei Kopfeslängen.

»Ich will hier Ruhe haben, und es wird gleich ruhig sein!« sagte der kleine Lehrer zu sich selbst. Er ging durch den Mittelgang, bis er nicht mehr weiterkonnte, weil ihm der Weg durch die Schüler versperrt war. Da kletterte er auf einen noch freien Tisch und arbeitete sich mühsam an die beiden Kampfhähne heran. Die Jungen, die auf dem Tisch standen und grölten, merkten zwar, daß sie ein wenig zur Seite geschoben wurden, meinten aber, das wären Mitschüler. Sie rückten, wenn auch schwerfällig, ein wenig zur Seite, so daß der kleine Lehrer wieder ein Stück weiterkam. Jetzt versperrte ihm nur noch ein Junge die Sicht.

Als der kleine Lehrer den Jungen ein wenig anschubste, drehte der sich etwas um und meinte: »Wohl verrückt geworden, Kleiner?« Er wollte gerade ausholen, als er den Störenfried für einen kurzen Augenblick prüfend musterte und erstarrte. Mit großen Augen und offenem Mund blickte er auf den kleinen, fremden Mann hinunter.

Der kleine Lehrer schaute ihn ernst von unten her an, hob dann seine kurze, dicke rechte Hand und gab ihm mit dem Daumen einen unmißverständlichen Wink, ihn augenblicklich hindurchzulassen.

Völlig verdattert gehorchte der große Junge. Er schaute dem kleinen Lehrer nach und konnte einfach nicht begreifen, was dieser kleine Mann hier wollte. Das mußte er erst verdauen. Der kleine Lehrer hatte jetzt einen Platz erreicht, von dem aus er die ganze Situation überblicken konnte. Die beiden Kampfhähne wälzten sich auf dem Boden. Der größere lag auf dem kleineren und hatte dessen Kopf zwischen seinen rechten Arm geklemmt. Der kleinere Junge kämpfte verzweifelt, trat mit den Füßen um sich, brüllte und versuchte, den größeren an den Haaren zu packen. Die Zuschauer waren in zwei Gruppen geteilt. Die eine schrie: »Gib es ihm, Peter!«, die andere brüllte: »Auf ihn, Harald!«

»Ich will Ruhe haben, und es wird gleich ruhig sein!« sagte der kleine Lehrer. Niemand beachtete ihn. Er blickte sich nach allen Seiten um und sprang mit einem gewaltigen Satz wie ein Gummiball mitten auf die beiden Streithähne drauf. Er landete genau auf dem Po des größeren Jungen und blieb dort ganz ruhig sitzen.
Es wurde so still im Klassenzimmer, wie es wohl vorher noch nie gewesen war. Die Schüler starrten den kleinen Lehrer an. Der rührte sich nicht. Ernst und nicht besonders freundlich blickte er einen nach dem anderen an. Sein Blick war so durchdringend, daß einige Schüler Herzklopfen bekamen.
Fast zwei Minuten lang blieb der kleine Lehrer so sitzen. Zwei Minuten lang standen die großen Schüler der Klasse 9a um ihn herum, wußten nicht, was sie von der ganzen Sache halten sollten, und getrauten sich nicht, auch nur einen Mucksér von sich zu geben.
Erst dann löste sich dieser geheimnisvolle Zauber. Einer nach dem anderen versuchte, so unauffällig wie möglich zu seinem Platz zu gelangen. Ein paar Stühle rückten, ein Tisch wurde verschoben, ein Apfel kullerte ein Stück über den Fußboden. Nach drei Minuten saßen alle sprachlos und völlig verstört auf ihren Plätzen. Bis auf zwei. Die lagen immer noch auf dem Boden im Mittelgang. Und auf ihnen saß der kleine Lehrer.
Jetzt lächelte er etwas. Er blieb noch eine kurze Weile sitzen und genoß sichtlich die Stille in der Klasse. Dann stützte er sich mit dem linken Arm auf dem Rücken des einen Jungen ab und erhob sich. Mit ruhigem und sicherem Schritt ging er durch den Mittelgang direkt auf den Lehrertisch vor der Tafel zu, stieg zunächst auf den Stuhl, dann auf den Tisch und ließ sich dort so gemütlich nieder, daß seine kurzen, dicken Beine vorn herunterbaumelten. Nun griff er in seine rechte Hosentasche,

holte einen Apfel heraus, polierte ihn am Jackenärmel blank und biß hinein. Währenddessen schaute er die Schüler, die regungslos auf ihren Plätzen saßen, schon ein wenig freundlicher an. In aller Ruhe aß er seinen Apfel auf und ließ sich sogar das Gehäuse schmecken. Nur der Stiel blieb übrig. Den hielt er als traurigen Rest in seiner rechten Hand.

Die beiden Jungen im Mittelgang hatten immer noch nicht begriffen, was eigentlich los war. Sie meinten zu träumen. Da lächelte der kleine Lehrer zum zweitenmal. Er winkte den beiden Jungen und sagte: »Wenn ihr zu euren Plätzen geht, könntet ihr bei mir vorbeikommen und den Apfelstiel mitnehmen und in den Papierkorb werfen. Für mich ist es recht umständlich, aber ihr habt lange Beine!«

Verdutzt standen die beiden Jungen auf, kamen ganz kleinlaut heran, Peter nahm behutsam den Apfelstiel und trug ihn so vorsichtig zum Papierkorb, als trüge er ein rohes Ei. Harald, der kleinere Kampfhahn, folgte ihm wie ein Hündchen. Unschlüssig standen sie am Papierkorb.

»Ihr könnt euch selbstverständlich setzen!« meinte der kleine Lehrer. »Wer gut sitzt, hat mehr vom Leben!«

Ausgerechnet Thomas, der schüchternste Junge der ganzen Klasse, fing an loszuprusten. Er konnte nicht anders. Er hatte die ganze Zeit versucht, sein Lachen zu unterdrücken. Jetzt gelang es ihm nicht mehr. Er platzte richtig heraus. Er lachte und lachte. Und sein Lachen steckte an. Es war ein befreiendes, herzliches, lautes und schallendes Lachen. Die Schüler bogen sich vor Lachen auf ihren Plätzen. Am lautesten aber lachte der kleine Lehrer. Er schlug sich mit seiner kurzen, dicken Hand auf beide Oberschenkel und lachte, bis ihm fast die Luft ausging. Dann faßte er in die Jackentasche und holte seine silberne Taschenuhr heraus. Er klappte den Deckel auf, schaute nach, wieviel Uhr es war, und sagte dann: »Am schönsten ist es, wenn es lustig ist!« Dann sprang er mit einem Satz vom Tisch und landete sicher und wohlbehalten auf dem Boden.

Die Kinder waren von dem Sprung tief beeindruckt.

Der kleine Lehrer fühlte, wie ihm eine Woge von Sympathie entgegenschlug. Er wußte, daß ihm die Schüler jetzt zuhören wollten. Deshalb sagte er freundlich: »Eigentlich müßtet ihr Vertretungsunterricht haben. Aber der Vertretungslehrer hat sich Zeit gelassen!«

Da mußten sie wieder lachen, denn sie glaubten, der kleine Lehrer habe sich selbst gemeint.

Der kleine Lehrer lachte auch. Dann sagte er: »So ist nicht viel von der Vertretungsstunde übriggeblieben. Trotzdem wollen wir in der letzten Viertelstunde noch etwas tun. Vielleicht könnt ihr etwas vorschlagen.«

Die einen wollten rechnen, die anderen schlugen vor, etwas zu lesen. Aber richtige Lust zum Arbeiten hatte keiner. Wenn eine Stunde so angefangen hat, ist es schwer, am Ende noch zur Arbeit zu kommen. Das wußte auch der kleine Lehrer.

»Wir machen Geschichte«, sagte er. Und obwohl einige mit den Köpfen schüttelten und anscheinend nicht damit einverstanden waren, begann er einfach. »Ich will euch erzählen, wie es früher in der Schule war.« Der kleine Lehrer erzählte den Schülern, was und wie die Kinder vor hundert Jahren lernen mußten. Er wußte das ja ganz genau, denn er war selbst dabeigewesen. Schon nach wenigen Sätzen hörten alle gebannt zu. Der kleine Lehrer erzählte davon, daß die Kinder vormittags und nachmittags in die Schule mußten, daß sie dann nach der Schule oft noch hart arbeiten und Geld verdienen mußten, daß sie oft ohne Schuhe in die Schule kamen

und daß manche von ihnen noch nicht einmal einen eigenen Ranzen besaßen. Und während er erzählte, drehte der kleine Lehrer ein bißchen an seinem Hut, so daß das Gänseblümchen nach vorne zeigte. In diesem Augenblick war es den Schülern so, als säßen sie nicht mehr in der großen Gesamtschule, sondern mitten in einer kleinen Dorfschule im vergangenen Jahrhundert. Sie erlebten wirklich, was der kleine Lehrer erzählte. Als sie sich umschauten, entdeckten sie, daß ihre Klassenkameraden in altmodischen Kleidern dasaßen. Und als sie aus dem Fenster schauten, sahen sie genau in einen alten Bauernhof hinein. Im Klassenzimmer war die Heizung verschwunden. Dafür stand mitten im Raum ein alter schwarzer Ofen, in dem das Feuer prasselte. An der Wand hing plötzlich ein Bild, das irgendeinen König oder Kaiser mit einem mächtigen Schnurrbart zeigte. Und als Günter, der heute morgen noch einmal seine dicken Winterstiefel angezogen hatte, heimlich unter die Bank schaute, stellte er mit Staunen fest, daß er ohne Strümpfe und Schuhe dasaß.
Als die Stunde fast zu Ende war, drehte der kleine Lehrer ein wenig an seinem Hut. In diesem Augenblick war alles wieder wie vorher. Die Schüler rieben sich die Augen und konnten es nicht fassen. Hatten sie geträumt?
Der kleine Lehrer blickte auf seine silberne Taschenuhr und sagte: »Ich hoffe, es hat euch Spaß gemacht. Ich danke euch, daß ihr so gut zugehört habt.« Dann winkte er freundlich und ging ruhig und gelassen zur Tür.
»Das hat es noch nie gegeben!« stellte ein Junge fest.
Und ein anderer meinte: »Das war wirklich was! Zuerst war es spannender als im Fernsehen, und dann hat er sich auch noch bei uns bedankt!«
»Bei dem Lehrer müßten wir immer Geschichtsunterricht haben!« meinten alle. Aber dann mußten sie sich

beeilen, denn in der nächsten Stunde wurden sie vom Physiklehrer im Physikraum erwartet.

Zur gleichen Zeit saß die Lehrerin, die dem kleinen Lehrer auf dem Flur begegnet war, auf dem Stuhl vor dem Schreibtisch des Direktors und berichtete immer noch fassungslos von dem, was sie gesehen hatte.
»Ein kleiner Lehrer?« fragte der Direktor noch einmal.
»Mit einem zitronengelben Hut!« bestätigte die Lehrerin.
Der Direktor griff in den Kasten, auf dem »Unerledigt« stand, und holte den Zettel wieder heraus, den er am Morgen dort hineingelegt hatte. »Ein kleiner Lehrer!« wiederholte er nachdenklich. Er stand auf und ging zu einem Schrank. Dort holte er zwei kleine Gläser und eine Flasche Eierlikör heraus. Er schenkte der Lehrerin und sich ein Glas ein. »Wenn wir ihn nur finden könnten!« meinte er.
»Ich weiß, wo er ist!« behauptete die Lehrerin. »Ich habe in alle Klassen geschaut und habe ihn entdeckt!« Sie hatte ihr Glas ausgetrunken und stand schon an der Tür. »Kommen Sie mit!« sagte sie.
Das ließ sich der Direktor nicht zweimal sagen.
Die Lehrerin führte ihn über Treppen und durch Gänge bis zum Klassenzimmer der 9a. Als sie vor der Tür standen, flüsterte sie: »Warum haben Sie denn das Klassenzimmer so altmodisch eingerichtet? Und warum hängt der Kaiser Wilhelm an der Wand?«
»Wie bitte?« fragte der Direktor.
»Ich verstehe auch nicht, warum die Schüler so uralte Kleider tragen. Nicht mal Schuhe tragen die Kinder. Und das im März!«
Der Direktor verstand überhaupt nichts mehr. Er ging auf die Klassentür zu und riß sie auf.

In diesem Augenblick schrie die Lehrerin auf. Sie schaute sich kurz um, blickte den Direktor irre an, schrie noch einmal und jagte dann wie ein gehetztes Wild davon.
Der Direktor schaute ihr kopfschüttelnd nach. Jetzt wußte er überhaupt nicht mehr, was das bedeuten sollte.
Die Klasse war leer. Bestimmt waren die Schüler im Fachunterricht. Er konnte nichts Außergewöhnliches feststellen. Was hatte die Kollegin nur gefaselt? »Für manche Kollegen ist es gut, daß es bald Ferien gibt!« sagte der Direktor zu sich selbst, schloß die Klassentür und ging zum Anschlagbrett, um sich zu überzeugen, daß der Hausmeister dort auch, wie angeordnet, den Aushang befestigt hatte.
Als er vor dem Anschlagbrett stand, schrie auch er auf einmal laut auf, packte den Aushang mit beiden Händen, riß ihn vom Brett herunter und stürmte mit großen Schritten über die Flure, durch die Treppenhäuser zurück in sein Zimmer.
»Ich glaube, heute sind alle verrückt geworden!« sagte der Hausmeister beim Mittagessen zu seiner Frau.
»Das liegt bestimmt am Wetter!« erwiderte die und legte ihrem Mann noch zwei Kartoffelklöße auf den Teller.
Der Hausmeister antwortete nicht. Er dachte nach. Und wenn er nachdachte, ließ er sich nicht gern stören.

Der kleine Lehrer führt Aufsicht

Am Donnerstagabend ging der kleine Lehrer immer sehr früh zu Bett, denn am Freitagmorgen stand er regelmäßig bereits um fünf Uhr auf. Freitag war sein

Dusch-Wasch-Schwimm-Badetag. Er wusch sich natürlich jeden Tag gründlich, aber am Freitag nahm er sich lange Zeit und stand extra früh auf.
Die Schule besaß ein großes Hallenbad, das die ganze Woche über belegt war. Wenn der kleine Lehrer ganz ungestört sein wollte, mußte er sehr früh aufstehen. So früh, daß noch kein anderer ans Schwimmen im Hallenbad dachte. Der kleine Lehrer hatte sich deshalb den Freitag ausgesucht, weil er gern ganz besonders sauber in das Wochenende kommen wollte. So stellte er am Donnerstagabend seinen Wecker auf fünf Uhr, stieg in sein blaues Bett und war bald eingeschlafen.
In dieser Nacht träumte er von seiner ersten Schulstelle. Das lag sicher daran, daß er am Morgen der Klasse 9a so viel davon erzählt hatte. Der Traum war so schön, daß der kleine Lehrer im Schlaf richtig Heimweh nach der kleinen einklassigen Volksschule in Bayern bekam. Manchmal seufzte er in seinem Bett, seufzte tief und schwer. Dann schniefte er ein paarmal, lag wieder ruhig, kicherte ein bißchen und schlief weiter. Sogar ein paar Tränen rollten über seine dicken Backen und wurden schließlich vom Kopfkissen aufgesogen.
Als am frühen Freitagmorgen der Wecker klingelte, brauchte der kleine Lehrer lange Zeit, um sich zurechtzufinden. Dann aber stand er schnell auf, zog sich an, nahm seine Badesachen und lief die Treppe hinunter zum Hallenbad. Zuerst duschte er heiß und kalt und ließ das Wasser nur so spritzen. Dann seifte er sich von Kopf bis Fuß gründlich ein, schrubbte sich von oben bis unten und hatte großen Spaß dabei. Dazu sang er ein Duschlied, das er selbst gedichtet hatte, weil ihm das Duschen als eine der schönsten Freuden des menschlichen Daseins erschien. Dabei sprang er wild unter der Dusche hin und her, aus dem Duschstrahl heraus und

wieder hinein, legte sich platt auf den Rücken und ließ den Strahl mitten auf seinen Bauch plätschern, legte sich auf den Bauch, damit auch sein Po etwas von dem Duschvergnügen abbekam.
Anschließend lief der kleine Lehrer splitternackt in das Hallenbad, kletterte auf den Dreimeterturm, sprang wie ein Frosch mit einem gewaltigen Platsch ins Wasser und schwamm eine Viertelstunde lang auf dem Rücken, so daß sein kleiner, dicker Bauch wie eine winzige Insel aus der Wasserfläche herausschaute. Danach trainierte er eine Viertelstunde lang Brustschwimmen. Und zum Schluß übte er Langstreckentauchen, Schnellschwimmen, Kraulen und all die Aufgaben, die man bewältigen muß, wenn man besondere Auszeichnungen im Schwimmunterricht erhalten will.
Als sich der kleine Lehrer müde geschwommen und gestrampelt hatte, kletterte er aus dem Wasser, duschte sich noch einmal eiskalt ab und wickelte sich dann in sein riesiges Badetuch. Er kuschelte sich richtig hinein und setzte sich vor die Heizung, die jetzt auf vollen Touren lief, weil das Schulgebäude warm sein mußte, wenn Schüler und Lehrer eintrafen. Er war richtig glücklich und schnurrte vor Zufriedenheit wie ein Kater vor sich hin.
Aber dann wurde es Zeit, daß er das Bad verließ. Er kleidete sich an und putzte zum Schluß alle Pfützen im Duschraum und in der Schwimmhalle sorgfältig auf. Schließlich sollte niemand merken, daß die Räume schon vor Schulbeginn benutzt worden waren. Dann eilte er vergnügt die Treppen hinauf und kochte sich in seinem Zimmer ein Frühstücksei, bereitete den Morgenkaffee und frühstückte in aller Seelenruhe. Freitags war der kleine Lehrer immer sehr gut aufgelegt.
Als er gefrühstückt und sein Zimmer aufgeräumt hatte,

waren in der Schule schon zwei Unterrichtsstunden gehalten worden. Auf das Pausenzeichen hin strömten die Schüler in den Pausenhof, und die Lehrer suchten das Lehrerzimmer auf, um Kaffee zu trinken.
Die Pause in der großen Gesamtschule bereitete dem kleinen Lehrer besondere Sorge. Die Lehrer hatten sich nämlich so abgesprochen, daß immer vier Kollegen die Pflicht hatten, im Pausenhof Aufsicht zu führen. Alle anderen Lehrer saßen im Lehrerzimmer, tranken Kaffee, rauchten, aßen ihr Frühstücksbrot und unterhielten sich.
»Vier Lehrer sind viel zuwenig!« hatte der kleine Lehrer zu sich selbst gesagt. »Vier Lehrer sollen auf tausend Kinder aufpassen. Und gerade in der Pause kann so viel passieren!« Er erinnerte sich an die Zeit, als er allein in der einklassigen Volksschule unterrichtet hatte. Ein Lehrerzimmer hatte es dort nicht gegeben. Er war mit den Kindern in die Pause gegangen, hatte ebenso wie die Kinder im Pausenhof sein Frühstücksbrot gegessen und anschließend oft mit ihnen gespielt. Besonders die Kleinen hatten sich immer sehr gefreut, wenn ihr Lehrer mit ihnen spielte und ihnen neue Spiele zeigte.
»Ich will den Kollegen nichts vorwerfen!« sagte der kleine Lehrer zu sich selbst. »Aber ein Lehrer muß in seiner Dienstzeit zuallererst an die Kinder denken. Erst die Kinder, dann der Kaffee!« Weil der kleine Lehrer das den anderen aber nicht sagen konnte, mußte er seine Weisheit für sich behalten und konnte nur das, was ihm möglich war, tun. Deshalb rückte er dann, wenn die Kinder in die Pause strömten, seinen Tisch ganz nahe an das Fenster und führte von oben her noch zusätzlich Aufsicht. Von seinem Fensterplatz aus konnte er den ganzen Pausenhof übersehen. Er paßte ganz genau auf und bemerkte alles.

Zum Glück war bisher noch nichts passiert, obwohl nur so wenige Lehrer auf dem Pausenhof waren. Gewiß, ein paar Kinder waren hingefallen. Aber sie hatten sich nicht ernsthaft verletzt.

Doch dieser Freitag war ein Unglückstag.

Zuerst freute sich der kleine Lehrer, als er zwei Mädchen aus der Klasse 3b in einer Ecke des Schulhofs entdeckte, die mit Kreide ein Sprunghäuschen aufmalten und dann versuchten, mit beiden Beinen und mit einem Bein in diesem Sprunghäuschen zu springen. Ärgerlich stellte er fest, daß ein Lehrer, der Aufsicht führte, zu den beiden Mädchen trat, den Zeigefinger so deutlich hob, daß der kleine Lehrer sofort wußte, daß er mit den Mädchen schimpfte. Er jagte die Mädchen aus ihrem Sprunghäuschen und wies sie an, woanders zu spielen.

»So ein Unsinn!« schimpfte der kleine Lehrer hinter seinem Fenster. »Die Kleinen hatten solchen Spaß. Der nächste Regen kommt bestimmt und wäscht die Kreide ab!« Manchmal war der kleine Lehrer sehr böse auf seine Kollegen.

Die beiden Mädchen trotteten mit hängenden Köpfen über den Schulhof.

In diesem Augenblick geschah es! Zwei große Jungen jagten hintereinander her. Die meisten Kinder brachten sich durch einen Sprung zur Seite in Sicherheit. Nur die beiden Mädchen aus der Klasse 3b, die noch ganz eingeschüchtert und mit hängenden Köpfen daherkamen, sahen nicht, daß der erste Junge geradezu auf sie loslief.

Ein Zusammenstoß. Ein Fall. Der Junge rannte weiter, der zweite folgte ihm. Und die kleine Kerstin lag hilflos auf dem harten Asphaltboden. Ihre Freundin kümmerte sich um sie, wollte ihr aufhelfen, doch Kerstin konnte nicht aufstehen. Der kleine Lehrer beobachtete mit

Schrecken, daß das Mädchen sich vor Schmerzen krümmte und nicht fähig war, sich ohne Hilfe zu erheben. Die Lehrer, die Aufsicht führten, standen auf der anderen Seite des Pausenhofes. Sie konnten das Mädchen von ihrem Platz aus nicht sehen.

»Sie muß sich ernsthaft verletzt haben!« brüllte der kleine Lehrer hinter seiner Fensterscheibe und vergaß vor Aufregung ganz, daß er auf keinen Fall entdeckt werden durfte. »Vielleicht hat sie sich ein Bein gebrochen ...«

Als er sah, daß Kerstin immer noch auf der Erde lag und sich kein Mensch um sie kümmerte außer ihrer Freundin, die aber auch nicht helfen konnte, überlegte er nicht lange. Er sprang von seinem Tisch herunter, rannte durch den Abstellraum, vergaß sogar, die Tür hinter sich zu verschließen, und stürmte die Treppe hinunter. Er wußte, daß im Hausmeisterraum auf dem unteren Flur ein Telefon war.

Der Hausmeister war nicht da. Aber die Tür stand offen. Blitzschnell rannte der kleine Lehrer hinein, wählte mit zitternden Fingern die Unfallstation und schrie in die Muschel: »Ein Unfall! Ein Unfall! Hier an der Gesamtschule! Kommen Sie sofort! Ja, mit dem Krankenwagen! Ja, vor den Haupteingang!«

»Wir kommen sofort!« hörte er noch. Dann warf er den Telefonhörer auf die Gabel und raste hinaus auf den Pausenhof. Er dachte in diesem Augenblick nicht daran, daß er entdeckt werden könnte. Das war ihm jetzt ganz egal. Er wollte nur schnell der kleinen Kerstin helfen. Und wirklich, der kleine Lehrer wurde nicht bemerkt. Die Schüler hatten mit sich selbst zu tun. Und weil immer irgendeiner auf dem Schulhof wild herumlief, fiel es nicht auf, daß der kleine Lehrer wie eine kleine, dicke Schnellzuglokomotive angerast kam.

Als Dagmar den gelben Hut entdeckte, atmete sie auf. Sie wußte sofort, daß der kleine Lehrer helfen würde. »Sie hat sich weh getan!« flüsterte sie und zeigte hilflos auf Kerstin, die auf dem Bauch auf dem Boden lag und vor sich hin wimmerte.
Der kleine Lehrer beugte sich herunter, nahm das Kind ganz behutsam auf seine kurzen, dicken Arme, nickte der Freundin beruhigend zu und sagte ihr: »Erklär deiner Klassenlehrerin, daß Kerstin zum Unfallarzt mußte. Ich kümmere mich um sie!« Dann trug er das verletzte Kind behutsam und so schnell er konnte zum Eingangstor. Kein Lehrer hatte bemerkt, was geschehen war.
Schon nach wenigen Minuten traf der Krankenwagen ein.
»Ich bin der Lehrer!« sagte der kleine Lehrer. Kerstin wurde von einem Mann in Uniform auf eine Tragbahre gelegt und in den Wagen geschoben. Der kleine Lehrer stieg mit ein. Während der Fahrt hielt er die Hand des Mädchens und sprach beruhigend auf es ein.
Auch beim Unfallarzt war es gut, daß der kleine Lehrer dabei war. Er kannte nämlich die Anschrift von Kerstins Eltern, wußte, in welcher Krankenkasse sie versichert waren, und konnte sogar die Telefonnummer sagen. Schließlich hatte sich der kleine Lehrer die Schülerkarteikarten der Klasse 3b ganz genau angesehen, weil er diese Klasse besonders gern hatte.
Der Unfallarzt röntgte Kerstins Bein und stellte fest, daß das Wadenbein gebrochen war. »Gott sei Dank, ein glatter Bruch!« meinte er. »Das wird relativ schnell heilen!«
Das Bein wurde gegipst, und der Unfallarzt ordnete an, daß Kerstin mit dem Krankenwagen nach Hause gebracht werden sollte.
»Ich komme mit!« sagte der kleine Lehrer.

Er half, Kerstin auf die Tragbahre zu legen, und packte fest mit an, als die Trage in den Krankenwagen geschoben wurde. Kurze Zeit später brauste der Wagen los.
»Seltsam«, sagte der Unfallarzt zur Sprechstundenhilfe, »sonst schicken sie höchstens einen älteren Schüler oder den Hausmeister mit. Aber daß ein Lehrer mitkommt, habe ich noch nie erlebt. Das imponiert mir!«
Die Sprechstundenhilfe nickte und fragte dann: »Ist Ihnen aufgefallen, daß der Lehrer sehr klein war und einen knallgelben Hut trug?«
Der Unfallarzt schaute seine Sprechstundenhilfe zweifelnd an. Das hatte er wirklich nicht wahrgenommen. Er überlegte noch einen Augenblick, aber dann mußte er sich schon um den nächsten Patienten kümmern.
Der Krankenwagen hielt vor einem Einfamilienhaus mit riesigem Garten.
»Warten Sie einen Moment!« sagte der kleine Lehrer und sprang mit einem Satz aus dem Krankenwagen. Er lief durch den Garten und schellte an der Haustür.
Kerstins Mutter öffnete ihm.
»Guten Tag«, sagte er höflich, machte eine Verbeugung und zog seinen gelben Hut, »ich bin der kleine Lehrer von der Gesamtschule!«
Kerstins Mutter, die zuerst sehr skeptisch auf den kleinen Mann heruntergeschaut hatte, wurde sogleich freundlich. »Der kleine Lehrer!« sagte sie. »Das ist aber nett, daß Sie zu mir kommen. Unsere Kerstin spricht den ganzen Tag von Ihnen!« Sie öffnete die Haustür und bat: »Kommen Sie doch bitte herein!«
Der kleine Lehrer trat zögernd und voller Hemmungen von einem Fuß auf den anderen. Er wollte der Mutter so schonend wie möglich beibringen, daß Kerstin verunglückt war. Aber das war schwer. »Ich habe Kerstin mitgebracht!« sagte er endlich.

»Hat sie etwas angestellt?« Die Mutter war plötzlich aufgeregt.
Der kleine Lehrer faßte Mut. Es sprudelte nur so aus ihm heraus: »Kerstin ist im Pausenhof gefallen. Wir haben sie sofort zum Unfallarzt gebracht. Sie hat das rechte Wadenbein gebrochen. Aber es ist ein glatter Bruch. Er wird schnell heilen. Machen Sie sich bitte keine Sorgen . . .«
Kerstins Mutter rannte durch den Garten auf das Gartentürchen zu. Der kleine Lehrer folgte ihr, so schnell ihm das mit seinen kurzen Beinen möglich war. Als die Mutter den Krankenwagen erreichte und ihre Tochter auf der Tragbahre sah, rief sie: »Kerstin, meine Kerstin!«
Das Mädchen versuchte, tapfer zu lächeln. Doch als sich die Mutter über sie beugte, kamen gleich die Tränen. Hinter den beiden stand der kleine Lehrer und schneuzte sich verschämt in sein Taschentuch.
Dann wurde die kleine Kerstin auf der Tragbahre in das Haus getragen. »Hier in das Wohnzimmer!« sagte ihre Mutter und sorgte für ein Lager auf der Couch.
Der Fahrer des Krankenwagens und sein Helfer verabschiedeten sich, und der kleine Lehrer blieb noch eine Weile neben der Couch im Wohnzimmer sitzen. »Beinbrüche kosten nicht das Leben!« sagte er. »Sie heilen wieder, und hinterher ist man schlauer!« Da mußte Kerstin trotz ihrer Schmerzen ein wenig lächeln.
Die Mutter aber bedankte sich ganz herzlich bei dem kleinen Lehrer, daß er sich so sehr um Kerstin gekümmert hatte. Sie wollte nun für Kerstin eine Tasse Schokolade kochen und lud auch ihn dazu ein.
Damit war der kleine Lehrer einverstanden. »Aufregungen schlagen mir immer aufs Herz», meinte er. »Und eine Tasse heiße Schokolade beruhigt ungemein!«
Beim gemeinsamen Schokoladetrinken machte sich Ker-

stins Mutter doch noch Sorgen. »Was soll nur werden?« jammerte sie. »Wie kann Kerstin die Schulaufgaben bekommen? Wir wohnen so weit außerhalb. In unserer Nachbarschaft wohnt kein Kind, das in Kerstins Klasse geht. Sie soll doch nichts versäumen.«
»Keine Sorge!« meinte der kleine Lehrer und hob beruhigend die Hand. »Ich werde mich darum kümmern! Sagen wir, nachmittags so zwischen fünf und sechs komme ich vorbei oder rufe an.« Er lächelte. »Bald gibt es Osterferien. Wenn wir jeden Tag vorher ein halbes Stündchen zusammen arbeiten, schaffen wir das ganz mühelos.«
Kerstin nickte erfreut. Nach allem, was sie bisher mit dem kleinen Lehrer erlebt hatte, mußte das ein wunderschöner Unterricht werden.
Der Lehrer zeigte auf das Telefon, das auf einem Tisch neben der Couch stand. »Schau her, da kommst du ja gut dran. Ich kann also auch mit dir durch das Telefon die Aufgaben machen. Dann erhältst du richtigen Fernunterricht. Das ist eine ganz besondere Sache.«
»Fernsprechunterricht!« stellte Kerstin glücklich fest.
»Ich gebe Ihnen Geld für das Telefonieren!« sagte die Mutter und wollte sogleich aufstehen, um ihr Portemonnaie zu holen.
Doch der kleine Lehrer hielt sie am Arm fest. »Wissen Sie, ich habe keinen Menschen, mit dem ich telefonieren kann. Und ich telefoniere schrecklich gern. Bitte, gönnen Sie mir den kleinen Spaß. Wenn etwas Spaß macht, spielt Geld keine Rolle!«
Jetzt mußte Kerstins Mutter lachen.
Der kleine Lehrer verabschiedete sich und versprach, am nächsten Tag zwischen 17 und 18 Uhr zu kommen oder anzurufen.
Als er auf dem Heimweg war und auf seine silberne Ta-

schenuhr schaute, stellte er fest, daß es bereits Mittagszeit war. »Um diese Zeit komme ich nicht in die Schule«, sagte er zu sich selbst. »Ich muß warten, bis die Putzfrauen fort sind und der Hausmeister vor dem Fernsehapparat sitzt.« Da entdeckte er an einer Straßenecke ein Restaurant. Über dem Eingang war mit großen Buchstaben der Name angebracht. Erfreut las der kleine Lehrer: ZUM KLEINEN IMBISS. »Das ist genau das Richtige für mich!« stellte er fest. Und weil sein Magen bereits deutlich rumorte, ging der kleine Lehrer schnurstracks in das Restaurant ZUM KLEINEN IMBISS hinein, setzte sich an einen Tisch in der Ecke und bestellte sich eine Riesenwurst mit einer gewaltigen Portion Kraut.

Er konnte nicht wissen, daß zur gleichen Zeit der Direktor einen merkwürdigen Anruf erhielt.

Die Sprechstundenhilfe des Unfallarztes war am Apparat. Sie hatte den Vornamen von Kerstins Vater so undeutlich aufgeschrieben, daß sie ihn nicht mehr entziffern konnte.

»Welche Kerstin?« fragte der Direktor.

»Na, die heute morgen mit dem kleinen Lehrer hier beim Unfallarzt war!«

»Wie kann ich die Vornamen der Eltern von tausend Schülern wissen!« donnerte der Direktor. »Warten Sie, ich lasse eben in der Schülerkartei nachschauen!«

Er wollte schon seine Sekretärin rufen, als ihn die Stimme der Sprechstundenhilfe auf seinen Platz bannte. Sie sagte nämlich ganz bestimmt: »Seltsam, Ihr kleiner Lehrer hat den Namen aber gewußt!«

»Ich will kein Wort mehr von einem kleinen Lehrer hören!« brüllte der Direktor und knallte den Hörer auf den Apparat. Die Sprechstundenhilfe konnte es nicht glauben. Sie hatte immer noch den Hörer am Ohr und schaute verdutzt vor sich hin.

»So ein unfreundlicher Patron!« sagte sie schließlich. »Der soll mir noch einmal kommen!« Dann legte sie den Hörer behutsam auf die Gabel. Sie betrachtete ihre Notizen und meinte: »Natürlich, Engelbert heißt der Vater!« Sie radierte ein wenig und schrieb den Namen deutlich mit Druckbuchstaben hin.
Die Frau des Direktors wartete mit dem Mittagessen zwei Stunden lang auf ihren Mann. Als er dann endlich kam, war das Essen kalt. Der Direktor war so schlecht gelaunt, daß er sofort in sein Arbeitszimmer ging und sich dort einschloß. Sogar auf seinen regelmäßigen Mittagsschlaf von 14 bis 16 Uhr verzichtete er an diesem Freitag.

Ein erholsames Wochenende

Fast eine Stunde lang stand der kleine Lehrer hinter der Litfaßsäule gegenüber dem Eingang zur großen Gesamtschule und wartete, daß er endlich hineingehen konnte. An diesem Tag brauchten die Putzfrauen extra lange, und der Hausmeister schnüffelte überall herum. Der kleine Lehrer zählte zuerst alle Autos, die auf der Straße vorbeifuhren, dann zählte er alle Lkws, alle Pkws und alle Fahrräder. Er zählte die grauen, weißen, grünen, roten und gelben Autos. Er zählte, wieviel Autos von rechts und wieviel von links kamen. Zwischendurch zog er seine silberne Taschenuhr aus der Jackentasche und stellte fest, daß wieder etwas Zeit vergangen war. Doch im Schulgebäude brannte immer noch Licht.
Endlich – er hatte schon sehr lange gewartet und war rechts- und linksherum siebenundneunzigmal um die Litfaßsäule marschiert – wurde ein Zimmer der Haus-

meisterwohnung geöffnet, und die Hausmeistersfrau streckte den Kopf heraus und rief: »Die Mainzelmännchen kommen!«
Der Hausmeister beeilte sich. Der kleine Lehrer beobachtete, wie er sorgfältig auf dem Fußabtreter vor der Tür seine Schuhe reinigte, dann die Haustür aufschloß und im Haus verschwand.
»Jetzt werden die Putzfrauen nicht mehr vom Hausmeister kontrolliert!« sagte der kleine Lehrer. »Jetzt sind sie bestimmt auch schnell fertig!« Richtig, schon nach fünf Minuten kamen die Putzfrauen heraus. Dem kleinen Lehrer war es recht kühl geworden, denn die Märznachmittage sind manchmal noch recht kalt. Er freute sich sehr auf seine warme Wohnung. Flink lief er durch das Eingangstor, über den Pausenhof und war bald im Schulgebäude verschwunden.
Der Hausmeister hatte hinter dem Fenster gestanden und den Putzfrauen nachgeschaut. Jetzt wendete er sich um, sah seine Frau nachdenklich an und meinte: »Es ist verrückt! Aber es kam mir doch eben so vor, als wäre ein Mainzelmännchen mit einem gelben Hut durch das Eingangstor gekommen und über den Schulhof geflitzt!« Als der Hausmeister bemerkte, daß seine Frau ihn entgeistert anstarrte, winkte er mit der Hand ab und sagte: »Es ist gut, daß es bald Osterferien gibt. Den ganzen Tag Schüler und Lehrer und Putzfrauen, da muß man ja zum guten Schluß Gespenster sehen!«
»In der Fensterscheibe spiegelt sich unser Fernsehapparat!« stellte seine Frau fest.
»Das wird es gewesen sein!« nickte der Hausmeister und ließ sich vor dem Fernseher nieder, um die Mainzelmännchen zu bestaunen.
Bevor der kleine Lehrer in sein Zimmer ging, mußte er noch einmal an der Klasse 3b vorbei. Die Kinder dieser

Klasse mochte er so gern, daß er wenigstens noch einen Blick in ihren Klassenraum werfen wollte. Vielleicht stand ja auch etwas auf der Tafel, womit sie sich heute beschäftigt hatten. Das interessierte ihn. Aber die Tafel war saubergewischt.

»Schade«, sagte der kleine Lehrer, »bestimmt haben sie hier einen ausgezeichneten Tafeldienst. Man kann nicht alles haben!«

Da entdeckte er auf dem Pult einen Briefumschlag. Und weil der kleine Lehrer sehr neugierig war, wollte er wenigstens lesen, für wen dieser Brief bestimmt war. Er staunte nicht schlecht, als er die Anschrift las. Da stand wirklich: An den kleinen Lehrer hier in der Schule.

Der kleine Lehrer traute seinen Augen nicht. Es war schon über siebzig Jahre her, seit er den letzten persönlichen Brief erhalten hatte. Deshalb mußte er sich zunächst einmal setzen. »Ein Brief für mich!« sagte er immer wieder. »Wirklich und wahrhaftig, ein Brief für mich!«

Weil es im Zimmer schon dämmerig wurde, nahm er den Brief vom Tisch und ging damit zu einem Fenster. Ganz vorsichtig öffnete er das Kuvert, damit er den Brief ja nicht beschädigte. Dann griff er hinein und zog mit zittrigen Händen einen kleinen Brief heraus. Er faltete ihn umständlich auseinander und kicherte, als er ein Bild entdeckte, das die Hälfte des Briefpapiers ausfüllte. Auf dem Bild war ein kleiner Mann mit einem gelben Hut und einer karierten Jacke zu sehen, der auf einem Tisch saß und einen Apfel aß. Der Künstler hatte auch nicht die orangefarbene Fliege und die schwarzen Lackschuhe vergessen. Sogar an die Brille und an den Bart hatte er gedacht. Besonders gut aber war das Gänseblümchen auf dem Hut gelungen, das dem Zeichner anscheinend so gut gefallen hatte, daß er es so groß dar-

gestellt hatte wie eine Sonnenblume. Es war fast so groß wie der Kopf des kleinen Mannes und überragte diesen wie ein Sonnenschirm.
»Ein schöner Mann! Ein wahrhaft schöner Mann!« stellte der kleine Lehrer glücklich fest. »Und das schönste an diesem Mann ist, daß er mir so ähnlich sieht!«
Dann las der kleine Lehrer, was unter dem Bild geschrieben stand:

»Lieber kleiner Lehrer
Es war ser schön bei ihnen in dießen 2 Stunden.
Sie haben ein toles Rätßelspiehl mit uns gemacht.
Die Rätßel waren sehr schwierich und schön!!!!!
Es hat fiel spas gemacht.
Das wir die Zeit vergasen.
Die Zeit verflog nur soh.
Hoffendlisch haben wir sie wieder mal 2 Stunden.
Ihre Kristina«

Ganz zärtlich strich der kleine Lehrer über den Brief. Er hatte beim Lesen nasse Augen bekommen und mußte sich erst einmal kräftig in sein Taschentuch schneuzen. Dann las er den Brief gleich noch einmal.
Er las den Brief laut, er las ihn leise, ja zum Schluß versuchte er sogar, das, was Kristina ihm geschrieben hatte, zu singen. Aber das ging nicht so sehr gut, weil sich die Sätze nicht reimten. »Ich werde den Brief in meinem Zimmer aufhängen! Genau gegenüber meinem Bett. Bevor ich abends das Licht ausknipse, kann ich ihn mir noch ansehen. Dann träume ich bestimmt besonders schön. Wenn ich morgens aufwache, fällt mein Blick zuerst auf den Brief. Das muß ja dann ein schöner Tag werden!« Der kleine Lehrer lächelte voller Vorfreude vor sich hin. »Ja, so werde ich es machen!« meinte er,

faltete den Brief vorsichtig zusammen, schob ihn wieder in den Umschlag und steckte alles in seine Jackentasche. Dann verließ er die Klasse und eilte zu seinem Zimmer.

In der großen Gesamtschule gab es samstags keinen Unterricht. Das lag daran, daß die große Gesamtschule eigentlich eine Ganztagsschule werden sollte. Lehrer und Schüler sollten vormittags und nachmittags in die Schule gehen. Sogar ein Mittagessen sollte es in der Schule geben. Der Direktor hatte den Eltern die ganze Sache erklärt und gesagt, wie vorteilhaft es doch wäre, wenn die Kinder den ganzen Tag in der Schule sein könnten. Dann würden sie auch unter der Aufsicht der Lehrer in der Schule ihre Schulaufgaben anfertigen können. Und hätten überdies am Samstag schulfrei.
Viele Eltern waren von diesem Vorschlag begeistert. Andere hätten ihre Kinder gern auch samstags in die Schule geschickt. Bei der Abstimmung hatten sich dann doch die meisten Eltern für die Ganztagsschule entschieden.
Weil aber eine Schule, die eine Ganztagsschule werden soll, samstags keinen Unterricht mehr zu erteilen braucht, war schon jetzt jeden Samstag frei.
Wenn Eltern anriefen und sich erkundigten, wie es denn mit der Ganztagsschule stünde und ob man nicht, bis es soweit wäre, samstags Unterricht halten könne, dann antwortete die Schulsekretärin: »Wir müssen uns gedulden. Samstags Unterricht zu halten ist leider nicht mehr möglich!«
Der kleine Lehrer fand diesen Zustand zunächst etwas ungewöhnlich, aber weil er sich daran gewöhnt hatte, daß er manches in der modernen Schulplanung nicht verstand, benutzte er das Wochenende dazu, Bilder zu

malen, Bücher zu lesen und weite Spaziergänge zu machen. Am Samstag putzte er auch sein Zimmer immer sehr gründlich und lieh sich hin und wieder den großen Staubsauger oder die Bohnermaschine der Putzfrauen aus. Weil der Hausmeister mit seiner Frau jeden Samstagmorgen mit dem Auto zum Einkaufen in den Supermarkt fuhr, war der kleine Lehrer an diesem Vormittag ungestört und konnte soviel Krach machen, wie er wollte.

Deshalb gönnte er sich samstags nach dem Putzen auch ein Klavierstündchen im großen Musikraum, oder er spielte auf der Geige. Auf diese Musikstunde freute er sich die ganze Woche über.

Am Nachmittag wartete er, bis die Hausmeistersleute vor dem Fernsehapparat saßen. Dann flitzte er über den Pausenhof, durch das Eingangstor und eilte zur Telefonzelle, um, wie versprochen, die kleine Kerstin anzurufen.

Als er die Zelle erreicht hatte, schaute er sich vorsichtig nach allen Seiten um und wartete, bis niemand auf der Straße zu sehen war. Was er vorhatte, brauchte nicht jeder zu beobachten, denn er konnte sonst vielleicht in eine unangenehme Situation kommen. Vor Telefonzellen verstehen die Leute bekanntlich keinen Spaß.

Wenn der kleine Lehrer telefonieren wollte, mußte er zunächst einige Vorbereitungen treffen. Er war nämlich so geschrumpft, daß er zu klein war, um an den Geldschlitz und den Telefonhörer zu gelangen. Deshalb packte er das dicke Telefonbuch, schaute sich erneut nach allen Seiten um und legte es dann auf den Boden der Zelle. Aber das reichte noch nicht. Doch diese Telefonzelle, die er ausfindig gemacht hatte, verfügte über zwei dicke Telefonbücher. Deshalb griff er jetzt nach dem zweiten, schaute sich wieder um und legte es mit

einem gewaltigen Schwung auf das Buch, das bereits auf dem Boden lag.
Es war immer noch keiner auf der Straße zu sehen. »Eine günstige Zeit!« meinte der kleine Lehrer. Dann zog er seine Schuhe aus und stieg in Strümpfen auf das obere Telefonbuch. Auf keinen Fall wollte er öffentliches Eigentum beschmutzen. Jetzt war er groß genug, um telefonieren zu können. Er hob den Hörer ab, warf das Geld ein und wählte. »Hallo, Kerstin, hörst du mich? Hier ist der kleine Lehrer!«
In diesem Augenblick ging die Straßenlaterne aus. Die Leute, die die Straße herunterkamen, beeilten sich, an dieser dunklen Stelle vorbeizukommen. Keiner kam auf die Idee, in die Telefonzelle hineinzuschauen oder dort auch noch zu telefonieren. In der Telefonzelle war nämlich ebenfalls das Licht ausgegangen.
So sprach der kleine Lehrer eine halbe Stunde lang mit Kerstin. Er redete und redete, lachte, machte Witze und freute sich, daß das Mädchen auf ihrer Couch wieder mitlachen konnte.
Zum Schluß kam noch Kerstins Mutter an den Apparat. Sie fragte: »Hätten Sie nicht Lust, morgen am Sonntag zu uns zum Kaffeetrinken zu kommen? Wir würden uns freuen!«
Zuerst war der kleine Lehrer ganz still.
»Sind Sie noch da?« fragte Kerstins Mutter.
Da blies sich der kleine Lehrer vor Freude so dick auf, wie er nur konnte, machte einen gewaltigen Satz, daß er fast mit dem Kopf gegen den Telefonapparat gestoßen wäre, und flüsterte ganz verschämt und zart: »Ja, ich komme gern!« Dann hängte er mit einem Schwung den Hörer auf die Gabel.
Viel zu spät fiel ihm ein, daß er sich überhaupt nicht für die Einladung bedankt hatte. Deshalb griff er noch ein-

mal nach dem Hörer und brüllte hinein: »Schönen Dank! Allerherzlichsten Dank!« Aber da hatte Kerstins Mutter auf der anderen Seite schon eingehängt.
Der kleine Lehrer stieg von den Telefonbüchern herunter, legte sie wieder ordentlich zurück, zog seine Schuhe an und verließ die Telefonzelle. In diesem Augenblick gingen die Lichter wieder an. Beschwingt eilte er nach Hause.

Sonntags blieb der kleine Lehrer bis um zwölf Uhr im Bett. Weil die Schule am Wochenende leer stand, mußte der Hausmeister an diesen Tagen die Heizung fast ganz herunterdrehen. Am Samstag war es noch einigermaßen warm im Gebäude, besonders oben beim kleinen Lehrer unter dem Dach. Aber am Sonntag wurde es auch hier kühl.
Der kleine Lehrer hatte sich daran gewöhnt, daß der Sonntag für ihn ein kalter Tag war. Deshalb hatte er diesen Tag zu seinem Faulenzertag gemacht und stand nicht eher auf, bis sein Magen knurrte.
In dem blauen Bett war es so gemütlich, daß er sich richtig einkuscheln konnte. Er nahm sich die Bücher, die ihn interessierten, mit ins Bett, las und las und vergaß darüber die Zeit. Wenn aber sein Magen knurrte, stand er schnell auf, wusch sich mit eiskaltem Wasser, so daß ihm anschließend sehr warm war, zog seinen Sonntagsanzug und den Sonntagsmantel an, griff nach seinem Hut und verließ das Zimmer.
Es war immer um die Zeit, zu der der Hausmeister Werner Höfers Internationalen Frühschoppen oder das Sonntagskonzert im Fernsehen anschaute und die Hausmeistersfrau sich über ihre Kochtöpfe beugte. Da achtete keiner von beiden auf einen kleinen Mann mit einem zitronengelben Hut, der aus der Schultür kam,

über den Schulhof schritt, von Cerox freudig begrüßt wurde, sich von ihm liebevoll verabschiedete und dann die Straße hinaufging.
Der kleine Lehrer hatte in der Nähe ein Restaurant ausfindig gemacht, in dem es mollig warm war und köstlichen Sonntagsbraten gab. Vor dem Restaurant war ein Schild aufgestellt, auf das eine dicke Frau mit blonden Löckchen gemalt war. Unter der Frau war zu lesen: Hier kocht die Wirtin selbst!
Und weil die dicke Frau so freundlich aussah, war er einmal hineingegangen. Es hatte ihm so gut gefallen und so gut geschmeckt, daß er von dieser Zeit an sonntags regelmäßig zum Essen kam und auch schon einen Stammplatz hatte. Wenn der kleine Lehrer dann die Suppe, den Braten mit Klößen, den Nachtisch, allerbesten Sahnepudding gegessen und dazu ein großes Bier und einen Korn getrunken hatte, dann fühlte er sich so wohl, daß er einen großen Spaziergang unternahm. Wenn er an einem hübschen Café vorbeikam, kehrte er ein, trank ein Kännchen Kaffee oder Schokolade und aß zwei bis drei Stück Schwarzwälder Kirschtorte dazu. Sonntags leistete sich der kleine Lehrer immer etwas Besonderes. »Wenn man sonntags gut gegessen hat«, pflegte er zu sich selbst zu sagen, »ist man die ganze Woche über gut gelaunt!« An diesem Sonntag marschierte der kleine Lehrer nach dem Mittagessen zum Bahnhof, kaufte dort am Kiosk einen riesigen Strauß Osterglocken und eine Tafel Schokolade und machte sich auf den Weg zu Kerstin und ihren Eltern.
Schon an der Haustür wurde er herzlich begrüßt. Er verlebte einen wunderschönen Nachmittag, aß und trank nach Herzenslust, erzählte lustige Geschichten und hörte zu, wenn Kerstins Vater und Kerstins Mutter erzählten. Dann spielten sie alle zusammen Mensch-är-

gere-dich-nicht, und der kleine Lehrer freute sich diebisch, wenn er Kerstins Vater herauswerfen konnte. Nur bei Kerstin mogelte er ein bißchen. Sie warf er nie hinaus. Als der Vater sagte, daß ein Lehrer nicht mogeln dürfe, schämte er sich so sehr, daß er ganz rote Ohren bekam. Zu seiner Entschuldigung brachte er schließlich hervor: »Wenn einer schon ein gebrochenes Bein hat, soll er wenigstens im Spiel hüpfen dürfen!«

So blieb dem Vater nichts anderes übrig, als das Mogeln zu übersehen.

»Wenn du wieder gesund bist«, sagte der kleine Lehrer zu Kerstin, »machen wir einen harten Kampf! Dann kenne ich mich selber nicht mehr, so schlimm bin ich dann!«

Am späten Nachmittag verabschiedete er sich, dankte herzlich und versprach, zum Kaffeetrinken einmal wiederzukommen. Dann machte er sich auf den Heimweg.

Als er die Schule erreicht hatte und gerade nach oben gehen wollte, entdeckte er einen neuen Aushang am Schwarzen Brett. »Das gibt es doch nicht!« sagte der kleine Lehrer. »Was ist denn mit dem Direktor los? Am hochheiligen Sonntag war er in der Schule und hat einen Aushang aufgehängt!« Und weil er neugierig war und alles wissen wollte, was in der Gesamtschule vor sich ging, studierte er den Aushang des Direktors besonders sorgfältig. Er las:

»Wichtig!
Morgen, Montag, 13 Uhr, äußerst wichtige Konferenz.
Erscheinen des gesamten Lehrkörpers ist Pflicht!
Einziger Punkt der Tagesordnung:
Geheimnisse an unserer Gesamtschule.
Die Konferenz beginnt pünktlich um 13 Uhr.

Der Direktor«

Der kleine Lehrer zuckte die Schultern, als er den Aushang gelesen hatte. »Geheimnisse vor Ostern sind etwas Schönes!« sagte er zu sich selbst. »Bestimmt wollen die Lehrer die Schüler überraschen.« Er dachte nach und meinte dann: »Aber eigentlich gehören Geheimnisse mehr zu Weihnachten. Ostern gibt es doch nur Ostereier. Darum braucht man kein Geheimnis zu machen.« Er freute sich aber doch, daß der Direktor mit seinen Lehrern eine Überraschung für die Kinder vorbereiten wollte, und nahm sich für seinen Teil vor, der Klasse 3b auch ein kleines Ostergeschenk mitzubringen. »Schönen Dank für die Anregung!« sagte er und verbeugte sich ein wenig vor dem Amtssiegel des Direktors.
Dann nahm er seinen Kugelschreiber aus der Jackentasche und schrieb mit klaren, deutlichen und überaus feinen Schriftzügen schräg auf den unteren Rand des Aushangs:

»Vergeßt den Osterhasen nicht!«

Dann stieg er gut gelaunt und zufrieden hinauf zu seinem Zimmer.

Ein kleines Individuum

Am Montagmorgen nach dem Frühstück hatte der kleine Lehrer große Lust, wieder irgendwo Vertretungsunterricht zu geben. Aber leider mußte er, als er durch die Flure eilte und an allen Klassentüren horchte, feststellen, daß an diesem Tag alle Lehrer da waren und auch ihren Unterricht erteilten. »Schade«, sagte er zu sich selbst und ging wieder zurück in sein Zimmer. Er

wartete auf die Pause und führte von seinem Fenster aus gewissenhaft Aufsicht.
Auch nach der Pause waren alle Klassen besetzt. So holte sich der kleine Lehrer Papier und Stifte aus der Tischschublade und malte ein Bild von einem kleinen Mädchen, das mit einem gebrochenen Bein im Bett liegt. Unter das Bild schrieb er:

»Mit krankem Bein im Bett zu liegen,
ja, das ist wirklich kein Vergnügen.
Damit die Zeit dir schnell vergeht,
schenk ich dir heute dies Paket.«

Sorgfältig faltete er das Blatt und steckte es in einen Briefumschlag. Dann holte er aus dem Küchenschrank ein uraltes Buch hervor. Er hatte es gekauft, als er noch Lehrer in Bayern war. Es war ein Buch mit vielen lustigen Bildern und Bildergeschichten. Der kleine Lehrer hatte das Buch so gern, daß er sich noch nie von ihm getrennt hatte. Er hatte es immer in einem Koffer mitgeschleppt. Aber jetzt betrachtete er das Buch zum allerletztenmal und verpackte es dann in grünes Seidenpapier. Er band eine lila Schnur darum und schmückte das Paket mit einer großen Schleife.
»Ich kenne die Bilder und die Geschichten schon so lange!« tröstete er sich. »Die kleine Kerstin wird sich bestimmt darüber freuen und nicht mehr ganz so traurig sein, daß sie im Bett liegen muß, während die anderen draußen herumspringen.«

Um 13 Uhr trafen sich die Lehrer zur Konferenz. Zu diesem Zeitpunkt befand sich der kleine Lehrer in der Klasse 3b und schrieb sorgfältig die Aufgaben ab, die Herr Hain der Klasse aufgegeben hatte. »Das ist ja kinderleicht!« stellte er fest. »Da werden Kerstin und ich heute nachmittag schnell fertig sein!« Er rieb sich vergnügt die Hände und freute sich. Dann eilte er in sein Zimmer, denn bald mußten die Putzfrauen in das Haus oder die Lehrer aus der Konferenz kommen. Keinem von ihnen wollte er begegnen.

Im Konferenzraum hatte der Direktor mit brummigem Gesicht seinen Platz eingenommen. Alle 42 Lehrer der Schule saßen an großen Konferenztischen um ihn herum. Punkt 13 Uhr eröffnete der Direktor die Konferenz. Er sagte: »Fräulein Bieber, Sie führen heute Protokoll!« Er schob ihr das Protokollbuch hin, räusperte sich, blickte sich unheilverkündend um und sagte dann: »Höchst Merkwürdiges geschieht in dieser Schule!«

Die Lehrer und Lehrerinnen schauten ihn erstaunt an. Sie wußten nicht, was in dieser Schule so merkwürdig sein sollte.

»Ist Ihnen irgend etwas aufgefallen?« fragte der Direktor und blickte seine Kollegen durchdringend an.

Sie schüttelten die Köpfe.

Nur Frau Häferle, die Lehrerin, der der kleine Lehrer schon einmal begegnet war, nickte vielsagend.

»In dieser Schule treibt sich ein merkwürdiger kleiner Lehrer herum!« rief der Direktor, und man sah, daß ihm das wenig Freude bereitete.

Die Lehrer schüttelten die Köpfe und wußten weder, was sie von der Sache, noch von ihrem Direktor halten sollten.

»Ein kleiner Lehrer, etwas über einen Meter groß!« sagte der Direktor.

Und Frau Häferle fiel ein: »Er trägt einen knallgelben Hut mit einem Gänseblümchen!«

Lautes Gelächter, das immer lauter wurde, ertönte, so daß der Direktor sein eigenes Wort nicht mehr verste-

hen konnte. Die Lehrer und Lehrerinnen krümmten sich vor Vergnügen. Eine so lustige Lehrergesellschaft hatte das Konferenzzimmer noch nie gesehen. Der Direktor griff nach seiner Pfeife und hämmerte damit so kräftig auf den Tisch, daß der Pfeifenkopf in Stücke brach. »Ruhe!« brüllte er. Dicke Schweißtropfen standen ihm auf der Stirn. »Offenbar hat Sie diese Mitteilung sehr erheitert. Ich meine es aber ganz ernst!«
Das wirkte. Die Lehrer kicherten noch etwas, dann schluckten sie, so gut es ging, ihr Gelächter hinunter und versuchten wieder, so zuzuhören, wie es sich für Lehrer in einer Konferenz gehört.
»Meine Damen und Herren, ich habe es zuerst auch nicht glauben können. Aber seit einigen Tagen erreichen mich Briefe, die mich fast veranlassen könnten, die Polizei einzuschalten!«
Im Raum war es still geworden. Wenn der Direktor so ernst sprach, dann war es bestimmt kein Spaß. Einer schaute den anderen mißtrauisch an. Trug vielleicht jemand unter ihnen versteckt einen gelben Hut und war nur knapp über einen Meter groß? Jemand flüsterte sogar hinter der vorgehaltenen Hand etwas von »Überprüfung durch den Verfassungsschutz«.
Der Direktor genoß den Eindruck, den seine Worte gemacht hatten, und fügte hinzu: »Es muß sich um eine Lehrkraft handeln, die nicht an unserer Schule geführt wird. Sie arbeitet sozusagen ohne Planstelle und ohne Berechtigung!«
Die Lehrerinnen und Lehrer sahen sich verwirrt an. Das war wirklich ungeheuerlich!
»Ich will mich nicht auf außerschulische Zeugen berufen«, sagte der Schuldirektor. »Aber eine Kollegin von uns hat dieses Individuum entdeckt und identifiziert. Bitte berichten Sie, Frau Häferle!«

Er nickte zu Frau Häferle hinüber, und diese fühlte sich plötzlich so sehr im Mittelpunkt, daß sie aufstand. Sie hob ihren rechten Zeigefinger und verkündete mit zitternder Stimme: »Ich habe es wirklich gesehen!«
Erstaunte Blicke begegneten ihr. Frau Häferle wuchs an ihrer eigenen Stimme.
»Dieses kleine Individuum«, sagte sie und genoß den Gebrauch dieses Fremdwortes, das ihr der Direktor vorgegeben hatte, »dieses kleine Individuum trägt einen zitronengelben Hut mit einem Gänseblümchen. Außerdem eine karierte Jacke und eine orangefarbene Fliege. Es ist etwas über einen Meter groß.«
Der Konrektor bestätigte: »Nach der Aussage von Frau Häferle ist sie diesem kleinen Menschen selbst begegnet!«
»Jawohl, selbst begegnet!« wiederholte Frau Häferle. »Der Mann kam über den Flur und unterrichtete anschließend in der altmodischen Klasse 9a!«
Das hätte Frau Häferle nicht sagen sollen. Denn nun fühlte sich der Klassenlehrer der 9a tief beleidigt. Ihn hielt es nicht mehr auf seinem Platz. Er sprang auf und rief: »Das ist eine unerhörte Behauptung! Ich führe eine moderne Klasse mit modernsten Lehrmethoden. Was fällt Ihnen ein, meine Klasse und damit mich und meine Methoden als altmodisch zu bezeichnen!«
Frau Häferle sank in sich zusammen. Sie war nicht mehr fähig, auch nur noch ein Wort zu sprechen. Blaß und eingeschüchtert hockte sie da und blickte nur noch unter sich.
Der Direktor merkte, daß seine Zeugin nicht das Vertrauen der übrigen Lehrer erhalten hatte. Ja, er selbst war so unsicher geworden, daß er sich bereits ärgerte, die Konferenz einberufen zu haben. Um nicht noch mehr Unruhe aufkommen zu lassen, sagte er jetzt in die

Stille hinein: »So hat das Frau Häferle nicht gemeint. Wir werden weiterhin aufpassen müssen. Viel wichtiger ist aber, daß wir am Freitag unseren Schulelternabend haben. Bitte vergessen Sie nicht, den Kindern noch einmal aufzutragen, daß sie ihre Eltern daran erinnern!« Er beugte sich zu Fräulein Bieber herunter, die eifrig mitschrieb, und flüsterte ihr zu: »Nur dieser Punkt kommt in das Protokoll!« Dann erhob er sich und verkündete: »Die Konferenz ist beendet!« Mit schnellen Schritten ging er als erster aus dem Konferenzraum. Die Kollegen folgten ihm langsam. Sie tuschelten miteinander und wußten nicht, was sie zu diesem Vorfall sagen sollten. Jedenfalls hatten sie eine solch merkwürdige Konferenz noch nie erlebt.

»Es wird sich alles finden!« sagte der Konrektor und zog seinen Mantel an. »Kommt Zeit, kommt Rat.«

Keiner der Kollegen hatte bemerkt, daß Frau Häferle starr und still auf ihrem Stuhl sitzen geblieben war. Jetzt, als der letzte Lehrer die Tür hinter sich ins Schloß fallen ließ, seufzte Frau Häferle tief auf, legte ihren Kopf auf die Tischplatte und weinte.

Wie lange sie so vor sich hingeschluchzt hatte, wußte sie nachher selbst nicht mehr. Sie spürte nur plötzlich, daß ihr jemand ganz zart über den Kopf strich. Und als sie aufblickte, stand er auf dem Stuhl neben ihr: der kleine Lehrer. Frau Häferle setzte zu einem Schrei an, doch der kleine Lehrer legte beschwichtigend seinen Finger auf den Mund.

Und als sie die gütigen Augen hinter der altmodischen Nickelbrille wahrnahm, spürte sie, daß dieser kleine Mann ihr nichts Böses tun wollte. Sie blickte ihn nur erstaunt an. Ja, er war es, den sie in der vorigen Woche auf dem Flur und später in der Klasse gesehen hatte. Sicher war er es. Der gelbe Hut, das Gänseblümchen, die ka-

rierte Jacke, die orangefarbene Fliege. Genauso hatte er in der vorigen Woche ausgesehen.
Und jetzt lächelte der kleine Lehrer. Dieses Lächeln war so freundlich, daß Frau Häferle spürte, wie es sie ins Herz traf. »Es gibt Sie also doch!« sagte sie mit brüchiger Stimme.
Der kleine Lehrer antwortete nicht, er lächelte nur.
»Sie haben mich für verrückt gehalten!« sagte Frau Häferle bitter.
»Wie könnte ich!« beteuerte der kleine Lehrer. »Wie könnte ich Sie, ausgerechnet Sie, für verrückt halten. Ich kenne Sie doch überhaupt nicht! Ich habe Sie nur weinen gehört. Da bin ich hereingekommen.«
»Nein, Sie nicht! Sie sind ein netter Mensch!« berichtigte sich die Lehrerin. »Sie verstehen mich! Sie glauben mir, daß ich Sie wirklich gesehen habe!«
Der kleine Lehrer grinste. »Natürlich, wir haben uns doch auf dem Flur getroffen. Und dann haben Sie . . .«, er drohte mit seinem kurzen, dicken Finger, »dann haben Sie mich im Unterricht belauscht!«
Die Lehrerin war nun wirklich etwas verlegen.
Doch der kleine Lehrer legte ihr begütigend seine Hand auf den Arm. »Macht nichts!« sagte er. »Ich bin auch schrecklich neugierig.«
Frau Häferle sah ihn dankbar an.
»Übrigens habe ich großen Hunger. Ich bin überhaupt noch nicht zum Mittagessen gekommen. Darf ich Sie einladen? Ich kenne ein reizendes Restaurant.« Frau Häferle tat dem kleinen Lehrer so leid, daß er ihr unbedingt etwas Nettes sagen mußte, obwohl er beim besten Willen nicht wußte, wie er sich an den Putzfrauen und am Hausmeister vorbeischleichen sollte.
»Wenn Sie so freundlich bitten!« meinte Frau Häferle und schneuzte sich zum letztenmal in ihr Taschentuch.

»Aber ich muß noch meine Gitarre holen. Wissen Sie, ich gebe Gitarrenstunde in der Klasse 6c und bringe immer meine eigene Gitarre mit.« Sie eilte sogleich davon und kam mit der Gitarre und der großen Gitarrentasche zurück.

»Sie könnten mir einen Gefallen tun!« sagte der kleine Lehrer. »Ich möchte nicht entdeckt werden. Könnten Sie Ihre Gitarre hier stehenlassen? Im Konferenzzimmer passiert ihr bestimmt nichts. Sie könnten mich dann in Ihrer Gitarrentasche mit hinausnehmen. Wissen Sie, ich möchte auf keinen Fall, daß mich jemand sieht!«

In diesem Augenblick wuchs die ältere Lehrerin, die sich so oft unverstanden fühlte, über sich selbst hinaus. Obwohl sie den kleinen Lehrer nicht kannte, vertraute und glaubte sie ihm, daß er nichts Böses im Schilde führe. Sie packte die Gitarrentasche, öffnete sie so weit, daß der kleine Lehrer bequem hineinsteigen konnte, und zog dann den Reißverschluß zu. Dann hob sie die Tasche auf und ging mit eiligem Schritt, zielsicher und geradeausblickend durch den Flur zum Ausgang.

Der Hausmeister, der zur gleichen Zeit die Treppe herunterkam, sah ihr lange kopfschüttelnd nach und meinte: »Da schleppt sich so ein armes Wesen mit einer schweren Last ab, und die Jugend dankt es ihr so wenig!«

Vor dem Schultor wartete Frau Häferle, bis kein Mensch zu sehen war, dann stellte sie die Tasche ab und ließ den kleinen Lehrer schnell aussteigen. Gemeinsam gingen sie die Straße hinauf bis zu dem Restaurant, in dem die Wirtin selbst kocht. Sie aßen Bratkartoffeln mit Sülze, weil das Frau Häferles Lieblingsessen war. Danach saßen sie bis zum späten Nachmittag bei einem Kännchen Kaffee zusammen. An diesem Nachmittag erzählte der kleine Lehrer der Lehrerin seine ganze Geschichte. Es war das erstemal, daß er einem Menschen seine Geschichte erzählte, und es tat ihm unsagbar gut. Frau Häferle hörte mit großen Augen zu. Sie lernte den kleinen Lehrer wirklich kennen und spürte auch, daß er es oft schwer gehabt haben mußte.

Als er endlich mit seiner Geschichte zu Ende war, legte sie ihre Hand auf die seine und sagte: »Ich möchte mich bei Ihnen bedanken. Sie haben mir einen wunderschönen Nachmittag geschenkt.« Dann lächelte sie und schaute ihn an. »Ich werde Sie ganz bestimmt nicht verraten! Ich wünsche Ihnen viel, viel Glück!«

Es war spät geworden, und der kleine Lehrer mußte sich beeilen, um noch rechtzeitig zu Kerstin zu kommen. Vorher mußte er in der Schule das Päckchen für sie holen. Frau Häferle begleitete ihn bis zum Schultor. Sie gab ihm die Hand und ging dann die Straße hinunter. Manchmal blieb sie stehen, drehte sich um und winkte.

»Eine komische Person!« sagte ein Herr zu einer Dame, die einen Hund an der Leine ausführte. »Dreht sich immer um und winkt. Aber da ist kein Mensch zu sehen, dem sie winken könnte.« Er schüttelte mißbilligend den Kopf und ging weiter.

Turnstunde

Am Montagnachmittag hatte der kleine Lehrer noch einmal auf dem großen Stundenplan nachgeschaut und erfreut festgestellt, daß in der Klasse 4a die beiden letzten Stunden ausfallen sollten, weil der Sportlehrer zu einer Tagung mußte. Der Direktor hatte eine entsprechende Notiz neben den Stundenplan geheftet. Der

kleine Lehrer freute sich sehr, denn Sportunterricht hatte er lange nicht mehr gegeben.
Deshalb lief er schnell in den Klassenraum der 4a und schrieb dort an die Tafel: »In den beiden letzten Stunden ist *doch* Sport. Wir treffen uns pünktlich in der Turnhalle. DKL« Über die Unterschrift mußte er selbst schmunzeln, denn die Abkürzung konnte sowohl »Der kleine Lehrer« als auch »Der Klassenlehrer« heißen »Das wird ein schöner Tag!« sagte er und pfiff vergnügt vor sich hin. Dann eilte er hinauf in sein kleines Zimmer.
Er freute sich so sehr auf den Turnunterricht, daß er an diesem Abend in seinem Koffer so lange herumsuchte, bis er seinen Turnanzug fand. Diesen Turnanzug hatte er vor achtzig Jahren gekauft, weil er ihm so ausnehmend gut gefallen hatte. Es war ein rot-weiß gestreifter Turnanzug mit rot-weiß gestreiften Hosenbeinen, die bis zum Knie reichten und dort fest ansaßen. Dazu passend hatte sich der kleine Lehrer grasgrüne Turnschuhe gekauft. Und weil vor achtzig Jahren die Kleidungsstücke noch unverwüstlich waren, hatte der Anzug alle Turnstrapazen ausgehalten und war heute noch so schick wie damals. Jedenfalls hielt der kleine Lehrer ganz große Stücke auf seinen Turnanzug und schleppte ihn seit achtzig Jahren in seinem Koffer mit. Selbstverständlich auch die grasgrünen Turnschuhe.
Nun war es dem kleinen Lehrer lange Jahre nicht mehr möglich gewesen, Turnunterricht zu geben. Immer war etwas dazwischengekommen. Deshalb probierte er an diesem Abend den Turnanzug an. Mit großem Schrekken mußte er feststellen, daß der ihm viel zu groß geworden war.
Der kleine Lehrer stellte sich in dem um ihn herum schlappernden Turnanzug vor den Spiegel und mußte

laut lachen, als er die Jammergestalt sah. Schnell zog er das Ungetüm aus, suchte eine Schere und schnitt zunächst einmal ein großes Stück von den Hosenbeinen ab. Dann verkürzte er die Ärmel. Er probierte das Prachtstück erneut an und war mit der Länge einigermaßen zufrieden. Er säumte noch die Hosenbeine und die Ärmel, das hatte er früher einmal von einer Handarbeitslehrerin abgeguckt. Dann betrachtete er sich wieder im Spiegel.

Der kleine Lehrer war mit dem Ergebnis seiner Arbeit so zufrieden, daß er die Turnstunde kaum erwarten konnte. Deshalb beschloß er, an diesem Abend mit dem Turnanzug ins Bett zu steigen. »Du bist und wirst niemals vernünftig!« sagte er zu sich selbst, als er in dem rot-weiß gestreiften Turnanzug und den grünen Turnschuhen in sein blaues Bett stieg, schüttelte dann über sich selbst den Kopf und zog doch lieber die grasgrünen Turnschuhe aus. Dann warf er noch einen kurzen Blick auf das Bild von Kristina, freute sich drei Minuten lang und knipste das Licht aus.

Er schlief tief und fest bis zum nächsten Morgen.

Als er am Dienstag in seinem rot-weiß gestreiften Turnanzug gefrühstückt hatte, setzte er den gelben Hut auf, zog die grasgrünen Turnschuhe an und machte sich auf den Weg zur Turnhalle. Er brauchte nicht besonders vorsichtig zu sein, denn zu dieser Zeit waren Schüler und Lehrer alle in den Klassen. Nur um das Sekretariat und das Schulleiterzimmer machte er einen großen Bogen. Er flitzte durch die Flure, raste noch eine Treppe herunter und öffnete dann die Tür zur Turnhalle.

In der Turnhalle spielte Lehrer Brandau mit den Jungen der 9a Handball. Der kleine Lehrer schlich auf Zehenspitzen in die Jungengarderobe, ruhte sich dort einen Augenblick aus und kletterte dann an einem Gardero-

benständer so weit nach oben, daß er mit den Händen die Fensterbank erreichen konnte. Mit einem Klimmzug gelang es ihm, auf die Fensterbank zu kommen. Von hier aus hatte er einen guten Blick auf den Schulhof.
Als es zur Pause schellte, rasten die Jungen in die Garderobe, um sich umzuziehen. Herr Brandau zog seinen Mantel über den Trainingsanzug und ging schnell wieder hinaus. Er hatte heute Pausenaufsicht.
Der kleine Lehrer hockte auf der Fensterbank und sah den großen Jungen zu, die sich unter ihm balgten und begannen, ihre Hemden und Hosen über die Turnkleidung anzuziehen. Da klatschte der kleine Lehrer laut in die Hände. Erstaunt schauten die Jungen nach oben und entdeckten den kleinen Mann im rot-weiß gestreiften Turnanzug und mit dem gelben Hut. Sie erkannten ihn sofort wieder. Der kleine Lehrer spürte, daß sie sich richtig freuten, als sie ihn sahen.
»Ist das ein Turnanzug von früher?« fragte einer und musterte den Anzug aufmerksam. Auch der kleine Lehrer freute sich sichtlich und erhob sich sogleich zu seiner vollen Größe, um auch richtig gesehen zu werden.
»Wo kann man so etwas kaufen?« fragte ein anderer.
Der kleine Lehrer sonnte sich in der Bewunderung der Jungen. Und obwohl er eigentlich vorgehabt hatte, die Jungen unter die Dusche zu schicken, vergaß er das vor lauter Glück und beschrieb genau das Geschäft, in dem er vor achtzig Jahren den Turnanzug gekauft hatte: »In Nürnberg im Trikotagengeschäft Müller, erste Querstraße, wenn man links von der Hauptgeschäftsstraße abbiegt. Ihr braucht nur nach Trikotagen-Müller zu fragen. Das Geschäft kennt dort jedes Kind!« In diesem Augenblick wurde die Tür zur Garderobe aufgerissen, und Herr Brandau steckte seinen Kopf hinein und rief: »Beeilung, Männer! Ihr wolltet doch noch in die Pause!«

Dann knallte er die Tür wieder hinter sich zu. Die Jungen bedauerten es sehr, daß sie nicht mehr länger Zeit hatten. Doch der kleine Lehrer winkte ihnen hoch oben von der Fensterbank aufmunternd zu und meinte: »Wenn wir uns wieder treffen, schreibe ich euch die genaue Anschrift an die Tafel!«
Nun beeilten sich die Jungen und winkten beim Hinausgehen zurück.
»Ein netter Kerl!« sagte der Klassensprecher zu seinem Freund. »Für einen Lehrer eigentlich viel zu nett!«
»Ist ja auch nur ein kleiner!« gab der Freund zur Antwort.
Während der Pause führte der kleine Lehrer vom Garderobenfenster aus Aufsicht. Er ärgerte sich nur ein bißchen über sich selbst, daß er vergessen hatte, sich ein Frühstücksbrot für die Pause zu schmieren. Denn als er die vielen Kinder mit ihren Broten und Äpfeln sah, bekam er richtigen Hunger.
Nach der Pause turnte die Klasse 6c mit Herrn Brandau. Den kleinen Lehrer hatte die Pausenaufsicht so angestrengt, daß er sich zu einem Schläfchen auf die Fensterbank legte und durchschlief, bis die Turnstunde der 6c zu Ende war. Er muckste sich auch nicht, als die Jungen und Herr Brandau in die Garderobe kamen und sich umzogen. Er wartete, bis alle die Turnhalle verlassen hatten, dann sprang er mit einem Satz so geschickt von der hohen Fensterbank herunter, daß er sich mit beiden Händen an dem Kleiderständer festhalten konnte und danach sicher zu Boden rutschte.
»Jetzt geht es los! Jetzt wird es fein!« rief er und lief mit gewaltigen Sätzen in die Turnhalle. Er rannte auf den Barren zu, turnte alle Übungen, die er kannte, trainierte dann am Reck und schlug anschließend dreizehn Purzelbäume hintereinander.

Die Kinder der Klasse 4a waren inzwischen hereingekommen, standen staunend in der Turnhalle und konnten es nicht fassen, daß ein kleiner Mann mit einem knallgelben Hut, in einem rot-weiß gestreiften Turnanzug und mit grasgrünen Turnschuhen dort wie wild herumfegte.
Der kleine Lehrer schlug noch einen Salto, sprang hoch in die Luft und landete mit einem eleganten Aufsetzer genau vor den Kindern. »Hallo, Sportsfreunde!« rief er. »Mitgemacht! Mitgelacht!«
Die Kinder lachten laut. Einen so spaßigen Sportlehrer hatten sie noch nie erlebt. Doch Knut, dem schlauesten Jungen der Klasse, dämmerte etwas. »Sind Sie etwa der kleine Lehrer?« fragte er.
»Sehe ich etwa aus wie eine kleine Lehrerin?« fragte der kleine Lehrer zurück und grinste.
»Hurra! Hurra!« brüllten die Kinder jetzt. »Wir haben bei dem kleinen Lehrer Turnen! Das wird eine Turnstunde!«
Natürlich hatte es sich bei den Kindern längst herumgesprochen, daß es seit einiger Zeit einen kleinen Lehrer in der Schule gab, bei dem der Unterricht ganz besonderen Spaß machte. Die Kinder rannten zur Garderobe, waren blitzschnell umgezogen und liefen erwartungsvoll in die Turnhalle zurück. Keine Minute wollten sie versäumen.
Der kleine Lehrer freute sich, daß alles so schnell ging. »Wenn es Spaß macht, arbeitet man gern!« sagte er und lachte. »Hauptsache ist, es macht Spaß!« Dann sprang er mit einem gewaltigen Satz in die Luft, drehte sich einmal um sich selbst und landete mit einem weichen Aufprall mitten auf seinem Po. »Setzt euch um mich herum!« rief er, und die Kinder folgten sogleich. So saß der kleine Lehrer mitten im Kreis und begann sofort da-

mit, seine kurzen, dicken Arme abwechselnd nach oben zu stemmen.
»Macht es mir nach!« rief er. »Ich bin ein Zwei-Takt-Motor! Eins, zwei! Eins, zwei!« Um ihn herum begannen die Motoren aufzuheulen, und die Kinderarme bewegten sich rhythmisch im Takt.
Danach legte er sich auf den Rücken und strampelte mit den Beinen. »Auf geht's zum Radfahren!« rief er. Schon lagen auch die Kinder auf dem Rücken und taten so, als würden sie kräftig in die Pedale treten. Der kleine Lehrer setzte sich wieder auf und sprang dann mit Schwung auf die Beine. »Jetzt gibt es einen Wettlauf! Ihr müßt mich fangen. Wer mich fängt, darf einmal eine Runde auf meinem Rücken reiten!«
Wie der Blitz rannte der kleine Lehrer in seinem rotweiß gestreiften Turnanzug los, dicht gefolgt von den Kindern. Er sprang und hüpfte wie ein Gummiball durch die Turnhalle, und sosehr sich die Kinder auch abhetzten, es gelang ihnen nicht, ihn einzufangen. Der kleine Lehrer hatte manchmal sogar noch Zeit, einen Purzelbaum zu schlagen oder für einen ganz kurzen Augenblick auf dem Kopf zu stehen.
Als er merkte, daß die Kinder nicht mehr konnten, ließ er sich platsch auf den Boden fallen. Im Nu waren die Kinder über ihm. Alle wälzten sich auf dem Boden der Turnhalle herum und quietschten und schrien vor Vergnügen. Völlig außer Puste ließen sie endlich von dem kleinen Lehrer ab. Der strahlte. Er fühlte sich glücklich.
»Eine neue Übung!« rief er. »Trampolinspringen!«
Er rannte auf das große Trampolin zu und wartete dort, bis ihm die Kinder hinaufhalfen.
»Beim Trampolinspringen muß man aufpassen!« sagte der kleine Lehrer. »Paßt auf, ich zeige euch ein paar Sprünge, dann springt ihr!«

Der kleine Lehrer hatte kaum ausgesprochen, da setzte er das Trampolin schon in Schwingungen. Und dann staunten die Kinder so sehr, daß sie den Mund nicht mehr zubekamen. Der kleine Lehrer sprang wie ein Ball bis zur Decke, drehte sich oben in der Luft, kam herunter, sprang erneut, noch ein Stück höher, noch höher, dann schräg nach der Seite, landete sicher und sprang erneut. Die Kinder klatschten laut und brüllten vor Begeisterung. Zum Schluß drehte sich der kleine Lehrer fünfmal ganz schnell um sich selbst und blieb dann in der Mitte des Trampolins stehen.
»Wer will es jetzt versuchen?« rief er und klatschte in die Hände. »Es macht einen Riesenspaß!«
Zunächst traute sich keiner. Als der kleine Lehrer aber noch einmal aufforderte, kletterte Jörg auf das Trampolin. Genau nach den Anweisungen des kleinen Lehrers fing er an zu springen.
»Das geht prima!« rief er.
Jetzt mußte der kleine Lehrer die anderen bremsen, denn jeder wollte als nächster an die Reihe kommen.
»Immer langsam!« sagte er. »Jeder kommt dran!«
Wirklich, der kleine Lehrer hielt, was er versprochen hatte. Und weil es soviel Spaß machte, kam jeder noch einmal dran. Dann schellte es, und die Turnstunde war zu Ende.
»Ohhhh!« riefen die Kinder im Chor.
Doch der kleine Lehrer meinte: »Wenn es am schönsten ist, soll man aufhören, dann wird es nachher nicht langweilig!« Er winkte den Kindern noch einmal zu und sagte: »Jetzt müßt ihr euch schnell umziehen. Zu Hause werdet ihr schon von den Kartoffeln erwartet. Sie werden ganz schrumplig, wenn ihr nicht rechtzeitig kommt!« Schnell lief er zur Garderobe, die Kinder folgten ihm und kleideten sich in Windeseile um.

»Vielen Dank!« sagte die zierliche Ilse, als sie sich mit einem Knicks von ihm verabschiedete. »Vielen Dank, es hat so viel Spaß gemacht!«
Der kleine Lehrer wartete, bis alle Kinder die Garderobe verlassen hatten, dann eilte er, ohne daß ihn jemand bemerkte, in sein Zimmer zurück und machte zum Abschluß seines Turnunterrichts ganz für sich noch ein paar Kniebeugen vor dem Spiegel. Dann kochte er sich ein Süppchen aus einem Brühwürfel und schlug zwei Eier in die Pfanne. Dazu schmierte er sich drei dicke Butterbrote.
Und weil ihn der Turnunterricht doch ganz schön angestrengt hatte, verkroch er sich zu einem kurzen Mittagsschläfchen in sein blaues Bett. Vor dem Einschlafen dachte er noch: Ich darf nicht verschlafen. Ich muß nachher noch die Überraschungen für die Klasse 3b einkaufen! Dann schlief er ein.

Geheimnisvolle Ostervorbereitungen

Als die Putzfrauen die Schule verlassen hatten und der Hausmeister mit seiner Frau vor dem Fernsehapparat saß, kam der kleine Lehrer mit einer großen Einkaufstasche über den Schulhof und streichelte Cerox, der ihn freundlich begrüßte. Dann ging er mit schnellen Schritten durch das Tor und die Straße hinunter. Als er an der Telefonzelle vorbeikam, blieb er stehen und zog sein Taschentuch aus der Hosentasche. »Nicht vergessen, Kerstin anzurufen!« sagte er zu sich selbst und knüpfte in ein Ende des Taschentuches einen dicken Knoten.
Dann ging er weiter bis zum Kaufhaus und fuhr auf der Rolltreppe in die Lebensmittelabteilung hinunter. Ge-

wöhnlich fuhr er immer ein paarmal mit der Rolltreppe hinauf und hinunter, weil ihm Rolltreppenfahren ganz besonderen Spaß machte, aber heute steuerte er schnurstracks auf die Milch- und Käseabteilung zu.

»Ich möchte Ostereier färben und benötige dazu Eier für eine ganze Schulklasse!« sagte er freundlich und suchte in seiner Tasche nach dem Portemonnaie.

»Wieviel Kinder sind es denn?« fragte die Verkäuferin.

»Einunddreißig!« sagte der kleine Lehrer und strahlte über das ganze Gesicht.

»Also einunddreißig Eier!«

Der kleine Lehrer hob entsetzt seine kurze, dicke Hand und rief: »Was denken Sie! Ein Ei pro Kind, was ist das schon? Im Nu geschält, ein Schluck und weg ist es. Besonders in diesem Alter.«

Er dachte einen Augenblick nach, rechnete kurz und sagte dann: »Es müssen mindestens zwei Eier pro Kind sein. Natürlich will ich auch ein paar probieren. Dann möchte ich noch einigen guten Freunden ein paar Eier schenken. Außerdem gehen beim Kochen immer Eier kaputt, die man nicht verschenken kann.« So forderte er: »Also hundert Eier!«

»Gern«, sagte die Verkäuferin und stellte zehn Kartons mit je zehn Eiern vor ihn auf die Theke. Dann musterte sie den kleinen Lehrer zweifelnd.

Auch der kleine Lehrer schaute leicht bestürzt auf die Eierkartons, die vor ihm aufgestapelt waren. »O weh!« meinte er.

Die Verkäuferinnen und Verkäufer hatten sich darauf eingestellt, daß der kleine Lehrer niemals einen Einkaufswagen benutzte. Weil er so klein war, bereitete ihm dieses Gefährt immer größte Schwierigkeiten. Er konnte nicht sehen, wohin er den Wagen lenken mußte und stieß damit gegen Leute und Regale.

»Soll ich die Eier in einen Einkaufswagen packen und Ihnen zum Auto schieben?« bot sich die Verkäuferin an und schaute nach einer Kollegin aus, die sie für diese Zeit vertreten könnte.

»Sehr liebenswürdig!« wehrte der kleine Lehrer dankend ab. »Ich bin zu Fuß!« Er überlegte und meinte dann: »Aber ich bin gut zu Fuß!«

»Sie können unmöglich alle Eier auf einmal tragen!« stellte die Verkäuferin sachlich fest, nachdem sie den kleinen Lehrer noch einmal eingehend gemustert und mit den zehn aufgestapelten Eierkartons verglichen hatte.

»Wenn man eine schwere Last verteilt, wird sie leichter!« sagte der kleine Lehrer freundlich. »Ich müßte fünfmal hin- und zurücklaufen.«

Die Verkäuferin sah ihn zweifelnd an. »Wir schließen um 18 Uhr!« sagte sie.

Der kleine Lehrer nickte. Dann meinte er: »Sie könnten mir die Eier im Einkaufswagen auf den Parkplatz stellen. In einer guten Stunde bin ich fünfmal hin- und zurückgelaufen. Außerdem brauche ich auch noch fünf Pfund Zwiebeln!«

»Können Sie die Zwiebeln nicht morgen kaufen, sonst müssen Sie ja sechsmal laufen?«

Der kleine Lehrer hob abwehrend und entschlossen beide Hände. »Auf keinen Fall, die Zwiebeln brauche ich zum Eierfärben. Es gibt nichts Schöneres als Zwiebelschalenostereier!« Und bei diesem Wort wurde er richtig schwärmerisch.

Das verstand die Verkäuferin. Sie winkte einer Kollegin, holte einen Einkaufswagen, belud ihn mit den Eiern und fuhr damit am Gemüsestand vorbei, um auch noch fünf Pfund Zwiebeln einzupacken. Zusammen mit dem kleinen Lehrer schob sie dann den Wagen zur Kasse.

Der Abteilungsleiter, der alles beobachtet hatte, drehte sich schnell um, weil er sonst laut losgelacht hätte.
An der Kasse bezahlte der kleine Lehrer. Dann half er der Verkäuferin, den Einkaufswagen auf den Parkplatz zu schieben. Sie fanden eine recht ruhige Ecke, genau der richtige Platz für den Einkaufswagen. Der kleine Lehrer bedankte sich herzlich, zog seinen knallgelben Hut und griff nach dem Gänseblümchen, das im Hutband steckte. Er zog es heraus und überreichte es mit einer Verbeugung der Verkäuferin. »Ich danke Ihnen!« sagte er und strahlte über beide Backen.
Soviel Höflichkeit und Freundlichkeit ist im Geschäftsleben weitgehend unbekannt. Deshalb bekam die Verkäuferin einen ganz roten Kopf vor Freude. Sie steckte das Gänseblümchen in das obere Knopfloch ihres Kittels, grüßte und ging dann wieder zurück zum Milch- und Käsestand.
Der kleine Lehrer stieg auf das Fahrgestell des Wagens, beugte sich über den Korb und holte zwei Eierkartons heraus. Einen Karton nahm er unter den rechten, den anderen unter den linken Arm. Die Einkaufstasche ließ er neben dem Wagen stehen. Dann rannte er los, so schnell er nur konnte. Während des Laufens zählte er seine Schritte. Als er bei 294 angekommen war, hatte er die Telefonzelle erreicht. Bei 417 war er am Schultor, und bei 448 stand er genau vor der Eingangstür.
Er stellte die beiden Kartons vorsichtig ab, verschnaufte kurz und spurtete zurück. Weil er es eilig hatte, achtete er nicht darauf, ob hinter ihm das Eingangstor ins Schloß fiel.
Auch um Cerox, der um ihn herumwedelte, kümmerte er sich nicht. Cerox war deswegen so beleidigt, daß er beschloß, hinter seinem Freund herzulaufen.
Für den Rückweg benötigte der kleine Lehrer nur 439

Schritte. Er wunderte sich ein wenig, wollte aber dennoch diesen Rekord beim nächsten Lauf brechen. Er stieg wieder auf das Fahrgestell des Einkaufswagens, schnappte sich die beiden nächsten Eierkartons, klemmte je einen unter den rechten und linken Arm und spurtete los. Cerox rannte wieder hinter ihm her. Diesmal war er bereits bei 288 an der Telefonzelle, aber dann mußte er um zwei ältere Frauen, die auf dem Bürgersteig standen und tratschten, einen Bogen machen und schaffte es bis zum Eingangstor nur mit 425 Schritten. Da nützte es auch nichts, daß er bis zur Schultür geradezu Weitsprünge unternahm. Statt 448 Schritte hatte er jetzt 455 gebraucht.
»Das muß besser werden!« sagte der kleine Lehrer zu sich selbst und stellte seine Eierkartons ab. Dann setzte er sich wieder in Trab. Cerox, dem die Sache Spaß machte, lief mit und versuchte jetzt sogar, ihn zu überholen. Das spornte den kleinen Lehrer zu einer enormen Leistungssteigerung an.
Leute, die den beiden begegneten, blieben stehen und sahen ihnen überrascht und verwundert nach. Es war aber auch ein ungewöhnliches Bild: Da lief ein kleiner, dicker Mann in einer rotkarierten Jacke und mit einem knallgelben Hut auf dem Kopf so schnell wie ein Hase auf der Flucht vor dem Fuchs auf dem Bürgersteig daher, dicht gefolgt von einem Cockerspaniel, der hechelte und dem vor lauter Anstrengung die Zunge aus dem Maul heraushing. Fünfmal lief der kleine Lehrer ohne Pause hin und zurück.
Vor der Eingangstür zur Schule stellte er aufatmend fest, daß es ihm wirklich gelungen war, seinen persönlichen Weltrekord im Eierlaufen zu brechen und die Strecke mit 433 Schritten zu schaffen. Diesmal verschnaufte er länger und nahm sich sogar Zeit, Cerox zu

streicheln und ihm aufmunternd den Hals zu klopfen. »Jetzt müssen wir nur noch die Zwiebeln holen!« sagte er zu ihm. Dann rasten beide wieder los.
Nachdem der kleine Lehrer das Zwiebelpaket in seine Einkaufstasche verpackt hatte, ging er gemächlich die Straße entlang. Auch Cerox hatte sich ausgetobt und trottete neben ihm her. Als sie die Telefonzelle erreichten, erinnerte sich der kleine Lehrer an den Knoten in seinem Taschentuch. Auf der Straße war im Augenblick niemand zu sehen, deshalb ging er schnell hinein. Cerox wollte natürlich auch mit. So war es in der Zelle etwas eng, aber das störte weder den kleinen Lehrer noch den Cockerspaniel.
Der kleine Lehrer legte in gewohnter Weise die beiden Telefonbücher auf den Boden, stieg hinauf und warf die Groschen in den Apparat. Cerox bellte nur einmal kurz auf, nämlich in dem Augenblick, in dem gleichzeitig die Straßenlaterne und die Birne in der Telefonzelle ausgingen.
Der kleine Lehrer telefonierte lange mit Kerstin und berichtete ihr alle Neuigkeiten aus der Schule. Er freute sich, daß es ihr bereits viel besser ging, und bestellte einen Gruß an ihre Eltern. Dann fragte er sie kurz das Einmaleins ab und stellte zufrieden fest, daß Kerstin schnell und sicher rechnete. Zum Schluß fiel ihm ein, daß auch Cerox einen Gruß durch das Telefon bellen könnte. Es war mit vielen Schwierigkeiten verbunden, bis er Cerox endlich den Hörer vor die Nase halten konnate. Aber der Spaniel begriff nicht, was das seltsame graue Ding sollte. Er roch kurz daran, stellte fest, daß es kein Knochen war, leckte einmal über die Sprechmuschel, und damit war für ihn der Fall erledigt. »Einen schönen Kuß von Cerox!« sagte der kleine Lehrer und hängte den Hörer auf die Gabel. »Komm, Cerox! Dein

Herrchen wird auf dich warten!« rief er, als er auf die Straße trat und feststellte, daß die Lichter wieder angegangen waren.
Zur gleichen Zeit stand der Hausmeister vor der Eingangstür der Schule, betrachtete argwöhnisch die Eierkartons und kratzte sich am Kopf. »Hier geht es wirklich nicht mit rechten Dingen zu!« sagte er. »Cerox! Cerox!« Doch der Hund ließ sich nirgends sehen.
Der Hausmeister ging zurück zu seiner Wohnung. Vielleicht wußte seine Frau, warum plötzlich vor der Schultür Eier lagen und wie die dorthin gekommen waren.
Zu Hause berichtete er von dem ungewohnten Eiersegen. Die Hausmeistersfrau trat ans Fenster, schaute eine Weile angestrengt hinaus, drehte sich zu ihrem Mann um und sagte: »Du solltest einmal zum Augenarzt gehen. Ich weiß wirklich nicht, was du alles siehst! Vor der Schultür stehen keine Eierkartons. Da liegt Cerox und bewacht die Schule!«
Der Hausmeister konnte und wollte es nicht glauben. Er sagte kein einziges Wort, lief an seiner Frau vorbei, zur Haustür hinaus und rannte auf die Schultür zu. Wirklich, da lag Cerox und wedelte freundlich mit dem Schwanz, als er seinen Herrn erblickte.
»Komm mit, Cerox!« sagte der Hausmeister kurz und ging zu seiner Wohnung zurück. Er sah den Hund, der folgsam neben ihm herging, mißtrauisch von der Seite an. Irgend etwas kam ihm an der Sache komisch vor. Er dachte angestrengt nach. Aber alles Nachdenken führte zu keinem Ergebnis. Deshalb gab er es schließlich auf.
»Ist das Abendessen fertig?« fragte er mürrisch, als er wieder die Wohnung betrat.

Der kleine Lehrer hatte zuerst daran gedacht, die Ostereier in seinem Zimmer zu färben. Doch dann erschien

ihm sein eigener Herd zu klein dafür. Die Schulküche im unteren Stockwerk war besser ausgestattet. Dort fand er auch einen großen Topf, in dem er die Eier färben konnte.
Zuerst suchte der kleine Lehrer ein Messerchen und schälte die Zwiebeln. Es war eine mühselige und tränenreiche Angelegenheit. Schon bei der ersten Zwiebel mußte er so weinen, daß er kaum noch aus den Augen gucken konnte. Aber weil er schon viele Kämpfe im Leben ausgestanden hatte, ließ er sich von dem scharfen Zwiebelsaft nicht einschüchtern und schälte und schälte. Dabei liefen ihm die Tränen aus den Augen, er seufzte und schniefte. Eine halbe Stunde lang schälte der kleine Lehrer Zwiebeln. Dann kehrte er die Zwiebelschalen sorgfältig zusammen und warf sie in den großen Topf. Er gab Wasser hinzu und stellte den Topf auf die Kochplatte. Jetzt brauchte er nur noch einzuschalten und die Zwiebelschalen so lange kochen zu lassen, bis im Topf ein brauner Sud übrigblieb.
Der kleine Lehrer überzeugte sich, daß alles in Ordnung war und die Zwiebelschalen im Wasser kochten. Dann schloß er die Schulküchentür hinter sich zu und stieg die Treppen hinauf.
In seinem Zimmer schmierte er sich zwei Butterbrote und belegte sie dick mit Mettwurst. Dazu kochte er schwarzen Tee, den er ohne Milch und Zucker trank. »Drei Stunden lang müssen die Zwiebelschalen kochen«, sagte der kleine Lehrer zu sich selbst und ließ es sich in aller Gemütsruhe schmecken. Und weil er sich in diesem Augenblick so glücklich fühlte und weil er so stolz darauf war, daß er seinen eigenen Weltrekord im Eierlaufen gebrochen hatte, legte er sich für ein Stündchen ins Bett und machte ein kurzes Nickerchen.
Danach schnitt er alle Petersilie ab, die in dem Blumen-

kasten auf der Fensterbank gewachsen war, steckte sie sorgfältig in eine Plastiktüte und suchte dann in seinem Küchenschrank nach einer Zwirnsrolle und einer Speckschwarte. Als er alles beisammen hatte, packte er es in die Einkaufstasche und stieg bedächtig die Treppe zur Schulküche hinunter.

Dort breitete er drei große Trockentücher auf dem Küchentisch aus und legte die Eier sorgfältig darauf. Dann nahm er ein Ei vorsichtig in eine Hand und griff mit der anderen nach einem Petersilienblatt. Ganz behutsam drückte er die Petersilie auf das Ei und umwickelte alles mit Zwirn so fest, daß die Petersilie auf dem Ei haften blieb. Zum Schluß schnitt er den Zwirnsfaden ab und verknotete ihn. Ein Ei nach dem anderen nahm er sich vor und sparte nicht mit Petersilie. Beim dreiundneunzigsten Ei war die Petersilie alle und der Zwirn zu Ende. »Das macht nichts!« sagte der kleine Lehrer. »Schließlich will unsereiner ja auch Ostereier haben. Und die Eier, die man nicht verschenken, sondern selber essen will, brauchen nicht ganz so schön zu sein.«
Als er in den Topf schaute, stellte er zufrieden fest, daß die Zwiebelschalen ausgekocht waren und einen dunkelbraunen Sud ergeben hatten. Der kleine Lehrer suchte im Schrank eine Flasche Essig, schüttete einen kräftigen Schuß in die kochende Brühe und legte mit einem Löffel nacheinander fünfzehn Eier in den Zwiebelschalensud. Er stellte die Zeituhr am Schrank auf zehn Minuten ein und wartete geduldig.
Wenn er auf den Zehenspitzen stand, konnte er mit einiger Mühe in den Topf hineingucken. Das war ihm aber auf die Dauer zu anstrengend. Deshalb rückte er einen Stuhl zwischen Herd und Küchentisch und stieg hinauf. So war alles viel bequemer.

Als der Wecker der Zeituhr rappelte, beugte sich der kleine Lehrer über den Topf, holte mit dem Löffel vorsichtig ein Ei nach dem anderen heraus und legte sie auf die Trockentücher auf der Tischplatte. Dann nahm er die nächsten fünfzehn rohen Eier vom Tisch und brachte sie sicher mit dem Löffel in den Topf. Er sprang vom Küchenstuhl herunter und schaltete erneut die Zeituhr ein.

Was jetzt getan werden mußte, war eine schwierige Arbeit. Der kleine Lehrer wickelte vorsichtig den Zwirn von den heißen Eiern ab. Dabei pustete er zwischendurch immer wieder auf seine Finger. Die Eier waren sehr heiß. Als aber der Zwirn abgewickelt und die Petersilie entfernt war, zeigten sich die Eier in ungewohnter Pracht. Denn dort, wo die Petersilie gesessen hatte, war nur wenig Zwiebelschalenfarbe hingelangt, und es war deutlich ein Muster zu erkennen, das die Form eines Petersilienblattes hatte.

Der kleine Lehrer klatschte vor Begeisterung in die Hände und rief ein über das andere Mal: »Ja, so ist es richtig! Genauso wurden die Ostereier gefärbt, als ich noch ein kleiner Junge war. Und ich hatte immer gedacht, ich könnte es nicht mehr, ich hätte es vergessen!«

Um aber auch noch Glanz auf die herrlichen braunen Ostereier zu bringen, griff er nach der Speckschwarte und polierte sie so blank, daß man sich darin spiegeln konnte. Aber da rappelte schon wieder der Wecker, und der kleine Lehrer mußte sich sputen, um die Eier herauszuholen und die nächsten in den Topf zu legen. Zum Eierprobieren kam er überhaupt nicht.

Endlich waren alle Ostereier gekocht, abgewickelt und mit der Speckschwarte poliert. Der kleine Lehrer schaltete die Kochplatte aus, spülte den Löffel, den er benutzt hatte, stellte die Essigflasche in den Küchenschrank zurück und packte die Ostereier behutsam in die zehn Kartons. Dann trug er die Eierkartons hinauf in sein Zimmer. Fünfmal mußte er die Treppen hinauf und fünfmal hinunter. Aber das machte ihm nichts aus. Er freute sich ja so, daß alles gut gelungen war. Zum Schluß warf er die verbrauchte Speckschwarte in den Abfalleimer, legte die Trockentücher auf die Heizung, warf die geschälten Zwiebeln in seine Einkaufstasche, knipste das Licht aus und verschloß die Tür sorgfältig hinter sich.

Er war zufrieden mit sich und freute sich darauf, anderen mit seinen Ostereiern eine Freude zu bereiten. Am liebsten wäre er gleich losgelaufen, um die Ostereier in der Klasse 3b zu verstecken. Aber er sagte sich, daß jetzt wohl nicht der richtige Augenblick dafür sei.

Etwas hatte der kleine Lehrer trotz aller Umsicht vergessen. Das merkte am nächsten Morgen die Hauswirtschaftslehrerin. Sie schimpfte schrecklich, als sie auf dem Herd einen Topf entdeckte, in dem irgend etwas völlig verkocht war, das ganz schrecklich nach Zwiebeln stank. »Wer hat denn gestern hier gekocht?« schrie sie ärgerlich. »Das ist eine Schweinerei!« In der großen Pause wollte sie auf dem Stundenplan im Sekretariat nachsehen und der Kollegin ganz energisch die Meinung sagen. Bestimmt war es wieder Fräulein Ott gewesen. Sie war erst seit Herbst an der Schule tätig und hatte noch keine Erfahrung. Da war sie doch älter und gerade deswegen wesentlich gewissenhafter. So lud sie ihren ganzen Ärger auf das arme Fräulein Ott ab, die überhaupt nicht wußte, worum es ging. »Unverschämt sind diese jungen Dinger!« sagte die Hauswirtschaftslehrerin später zu ihrer Freundin. »Es ist schon ganz richtig, daß nicht mehr alle eingestellt werden!«

Wenn der kleine Lehrer das geahnt hätte, wäre er be-

stimmt nicht so sorglos die Treppe zu seinem Zimmer hinaufgeeilt. Dort aber erwarteten ihn andere Sorgen.
Als er die Zwiebeln aus der Tasche holte, überlegte er lange, was er damit anfangen sollte. Geschälte Zwiebeln halten sich nicht lange. Und fünf Pfund rohe Zwiebeln konnte der kleine Lehrer nicht alleine aufessen. Zudem mochte er Zwiebeln nur zu Bratkartoffeln oder im Gulasch.
Deshalb überlegte er, wem er mit den Zwiebeln vielleicht eine kleine Freude machen könnte.
Frau Häferle würde sich sicher über Blumen freuen, aber gewiß nicht so sehr über Zwiebeln. Auch Kerstin und ihren Eltern konnte er schlecht geschälte Zwiebeln als Präsent mitbringen. Und alles aus den Blumenkästen auf der Fensterbank herauszureißen, nur um die Zwiebeln in die Erde zu stecken, erschien ihm auch nicht richtig.
Zum Schluß fiel ihm der Direktor ein. »Wer eine so große Schule leitet, wird auch wissen, was er mit geschälten Zwiebeln anfangen kann!« sagte der kleine Lehrer zu sich selbst und beschloß, die Zwiebeln dem Direktor auf den Schreibtisch zu legen. »Alles ist so teuer geworden!« fügte er hinzu. »Da freut man sich auch als Direktor, wenn man einmal Zwiebeln geschenkt bekommt. Der Etat für den Kochunterricht ist klein. Da kann man von dem Geld, das man an den Zwiebeln spart, andere Sachen kaufen!«
Und weil der kleine Lehrer dem Direktor besonders gut wollte, nahm er außer den Zwiebeln auch noch drei Ostereier mit und legte alles mitten auf den Schreibtisch des Herrn Direktors.
Er schrieb auch wieder einen kurzen Brief an den Direktor:

»Lieber Herr Direktor,
anbei eine kleine Aufmerksamkeit und viel Spaß damit. Geheimnisse sind schön, Überraschungen noch schöner! Herzliche Grüße

Der kleine Lehrer«

Mit sich und der Welt zufrieden stieg der kleine Lehrer in sein Zimmer hinauf, gönnte sich vor dem Schlafengehen noch drei hartgekochte Ostereier, selbstverständlich die, die beim Kochen geplatzt waren, und säte ein Tütchen Gänseblumensamen in seinen Blumenkasten auf der Fensterbank. Dann stieg er ins Bett, betrachtete drei Minuten lang das Bild auf der gegenüberliegenden Wand, knipste das Licht aus und war bald eingeschlafen.
Als der Hausmeister sich zu seiner Frau ins Bett legte, dachte er eine Weile nach und sagte dann: »Ich könnte dir erzählen, daß ich wieder Licht in der Schule gesehen habe. Diesmal in der Lehrküche. Ich könnte dir auch erzählen, daß ich drauf und dran war, in die Schule zu laufen und nachzuschauen. Ich müßte dir aber auch sagen, daß ich nicht in die Schule gelaufen bin und daß ich so getan habe, als ginge mich die ganze Sache nichts an. Ich bin doch nicht verrückt! Jetzt brennt auch kein Licht mehr!«
»Schlaf gut, Konrad!« antwortete seine Frau und knipste die Nachttischlampe aus.

Der kleine Lehrer auf dem Sportplatz

Am Mittwochmorgen sagten 42 Lehrer und Lehrerinnen beim Kaffeetrinken: »Gott sei Dank, nur noch drei Tage! Dann gibt es endlich Osterferien!« Am Mittwochmorgen sagten über 1000 Schüler und Schülerinnen: »Nur noch drei Tage bis zu den Osterferien!«
Am gleichen Morgen sagten 31 Kinder der Klasse 3b: »Heute wird es schön. Heute kommt der kleine Lehrer in der dritten und vierten Stunde zu uns!«
Zur gleichen Zeit sagte Kerstin traurig zu ihrer Mutter: »Schade! Heute wäre ich gern in die Schule gegangen!«
Der Hausmeister sagte zu seiner Frau: »Noch drei Tage und ein Elternabend! Dann habe ich für eine Weile Ruhe!«
An diesem Morgen sagte die Schulsekretärin zum Konrektor: »Ich weiß auch nicht, was mit unserem Chef los ist. In letzter Zeit verliert er so schnell die Nerven!«
Am Mittwochmorgen entdeckte der Direktor die Zwiebeln und die anderen Aufmerksamkeiten des kleinen Lehrers auf seinem Schreibtisch. Er brüllte und tobte, zerriß den Brief in winzige Stücke und warf ihn in den Papierkorb. Dann rannte er zum Fenster, riß es auf und feuerte die Zwiebeln und die schönen braunen Ostereier hinaus. Er raste ins Sekretariat, sah den Konrektor und die Sekretärin zusammenstehen, schnappte kurz nach Luft und schrie: »Das ist der Gipfel! Das ist der Gipfel der Unverschämtheit!« Dann machte er kehrt und knallte hinter sich die Tür zu.
Der Konrektor sah die Sekretärin an und schüttelte den Kopf. »Ich verstehe überhaupt nichts mehr!« meinte er und ging in seine Klasse.
Am Mittwochmorgen saß der kleine Lehrer an seinem Tisch, löffelte sein Frühstücksei, trank starken schwar-

zen Bohnenkaffee ohne Milch und Zucker und freute sich auf den Tag.
Er blickte verstohlen zu den Ostereiern hinüber, lächelte zufrieden und sang, als er den Mund leer hatte, leise vor sich hin. Gründlich lüftete er sein Bett, legte dann Laken, Kissen und Bettdecke ordentlich darauf und räumte das Frühstücksgeschirr weg.

Die Klasse 3b beeilte sich an diesem Tag sehr, aus der Pause in ihr Klassenzimmer zu kommen.
Dort saß bereits der kleine Lehrer mitten auf dem Lehrertisch, kaute vergnügt an einem Apfel herum und strahlte sie an. »Heut wird's lustig!« rief er und hob seinen kurzen, dicken Arm hoch in die Luft. Aber dann fiel ihm auf, daß viele Kinder recht griesgrämige Gesichter machten und bedrückt vor sich hinschauten. »Ist was?« fragte der kleine Lehrer.
Da ging es los. Die Kinder schimpften und schrien durcheinander. Sie schimpften so laut, daß der kleine Lehrer überhaupt nichts verstehen konnte.
Deshalb hob er noch einmal seine Hand und sagte ganz leise: »Ruhe!« Sonst nichts.
Die Kinder hörten gar nicht darauf.
Der kleine Lehrer saß ganz still auf dem Lehrertisch und schaute die Kinder nur ernst an.
Und weil die Kinder es nicht gewöhnt waren, daß dann, wenn sie lärmten, ihr Lehrer ruhig blieb und nicht noch lauter brüllte, waren sie zunächst betroffen, schauten auf den kleinen Lehrer und wurden immer stiller.
Als es ganz leise in der Klasse war, lächelte der kleine Lehrer wieder. »Ich hatte mich so auf euch gefreut!« sagte er. »Da könnt ihr euch doch nicht ärgern!« Jetzt wurde er sogar ein bißchen rot und fragte: »Oder ärgert ihr euch etwa über mich?«

Die Kinder brüllten los, wollten beschwichtigen, erklären, berichten ...

Der kleine Lehrer hob wieder seine Hand.

Sofort waren die Kinder still.

Dagmar meldete sich. Der kleine Lehrer nickte ihr freundlich zu und sagte: »Dann leg mal los!«

»Es ist gemein und ungerecht!« rief Dagmar, und der kleine Lehrer merkte, daß sie sehr aufgeregt und zornig war. »Sie hat gesagt, wir wären faul und schlimm. Sie hat gesagt, wir hätten die Aufgaben mit Absicht nicht gemacht, um sie zu ärgern! Dabei hat sie vergessen, uns etwas aufzugeben!«

»Wer ist ›sie‹?« fragte der kleine Lehrer interessiert.

»Unsere Klassenlehrerin, Frau Klages!«

»Ihr habt euch über Frau Klages geärgert?«

Alle Kinder nickten.

»Ihr habt Frau Klages doch sonst gern?« Der kleine Lehrer fragte ganz langsam und schaute dabei ein Kind nach dem anderen an.

Die Kinder nickten, wenn auch ein wenig zögernd, weil sie immer noch sehr wütend waren.

»Jeder hat einmal einen schlechten Tag!« meinte der kleine Lehrer. »Vielleicht hat Frau Klages schlecht geschlafen. Vielleicht hat sie Zahnschmerzen. Vielleicht hat sie Kummer mit ihrem Mann oder mit ihren Kindern. Vielleicht hat sie Krach mit einem anderen Lehrer oder mit dem Direktor gehabt. Wer kann das wissen?«

Der kleine Lehrer dachte eine Weile nach und meinte dann: »Das kommt in den besten Familien vor. Was meint ihr, wie schlecht ich manchmal gelaunt bin!«

Einige Kinder mußten ein bißchen lachen, denn der kleine Lehrer zog seine Stirn in tiefe Falten und schielte sogar, als er von seiner eigenen schlechten Laune sprach.

Dagmar war immer noch böse. »Sie braucht uns dann aber nicht eine so schlimme Strafarbeit zu geben!« sagte sie mit Nachdruck.
Da gab ihr der kleine Lehrer recht. »Strafarbeiten sind immer schlimm!« sagte er. »Strafarbeiten sind nicht nur schlimm, sie sind sogar schlecht!«
Da nickten alle Kinder.
Der kleine Lehrer hatte sich schon oft über Strafarbeiten geärgert, und er selbst hatte noch nie in seinem ganzen langen Leben eine einzige Strafarbeit erteilt. Wenn er hörte, daß Kinder Strafarbeiten anfertigen mußten, bekam er richtige Bauchschmerzen. Genauso schlimm waren für ihn die Noten, die Lehrer geben müssen. Die hatten ihn schon geärgert, als er noch in der kleinen Schule in Bayern unterrichtet hatte.
»Strafarbeiten und Noten sind immer ungerecht!« sagte der kleine Lehrer zu sich selbst. »Kinder brauchen keine Strafarbeiten und keine Noten, um gut lernen zu können. Die Lehrer brauchen sie!«
Er guckte ganz traurig vor sich hin, so traurig, daß die Kinder richtiges Mitleid mit ihm hatten, weil er sich solche Sorgen machte.
»Strafarbeiten und Noten sind die Waffen der Lehrer, mit denen sie in den Krieg gegen ihre Schüler ziehen! So wird die Schule zu einem Kampf zwischen Lehrern und Schülern. Der eine steht auf dieser Seite, der andere auf jener. Sie können nicht zusammenkommen, denn die Strafarbeiten und Noten verhindern das. Dabei soll die Schule allen Spaß machen, den Schülern und den Lehrern. Nur wenn man Spaß hat, lernt man auch etwas!«
Der kleine Lehrer merkte gar nicht, daß ihm die Kinder gebannt zuhörten. Als er aber plötzlich spürte, wie still es um ihn herum geworden war, zuckte er zusammen und schaute die Kinder mit großen Augen an.

Jetzt lächelte er ein bißchen, wischte die bösen Gedanken mit der Hand weg und sagte zu den Kindern: »Ihr seid noch jung. Ihr müßt euch viel Mühe geben. Dann werdet ihr vielleicht erreichen, daß eines Tages die Strafarbeiten ganz abgeschafft werden. Aber das geht nicht von einem Tag zum anderen. Das braucht viel Zeit.« Er blickte die Kinder noch einmal ganz ernst an und meinte: »Ihr seid jung. Ihr habt Zeit! Ihr könnt es ändern!« Dann sprang er mit einem Satz vom Tisch herunter und pflanzte sich im Mittelgang auf. »Wir haben viel zuviel Zeit verloren!« schrie er plötzlich. »Ich will zwei schöne Unterrichtsstunden haben.«
Als der kleine Mann so brüllte, mußten die Kinder lachen. Und der kleine Lehrer lachte laut mit.
»Sagt mir, was ihr tun müßt!« meinte er. »Ich will euch helfen!«
Olaf berichtete: »Wir sollen aus dem Lesebuch drei Seiten abschreiben!«
Der kleine Lehrer ließ sich von Bernd das Lesebuch geben, schüttelte ein wenig den Kopf, als er die Geschichte las und rechnete und zählte ganz angestrengt.
»Das ist noch eine richtige Lesebuchgeschichte!« meinte der kleine Lehrer endlich. »Sie ist dumm und langweilig. Dabei gibt es so viele schöne Geschichten!«
»Schöne Geschichten stehen aber so selten in Lesebüchern!« rief Dagmar, die eine richtige Leseratte war und zu Hause viele Bücher hatte.
Jetzt mußte der kleine Lehrer laut lachen. »Es ist nicht schade um diese Geschichte, wenn wir sie aufteilen«, sagte der kleine Lehrer. »Die Geschichte hat genau 64 Sätze. Jeder von euch schreibt zwei Sätze ab. Kristina schreibt die ersten beiden Sätze, Dagmar die nächsten und so weiter und so weiter. Ich schreibe die letzten beiden Sätze ab.« Er lief zurück zum Lehrertisch, kramte

ein wenig in der Schublade herum, holte einen Zettel und ein Lesebuch heraus und begann sofort mit dem Abschreiben.
Da gaben sich die Kinder große Mühe, noch vor dem kleinen Lehrer mit ihren beiden Sätzen fertig zu werden. Schon nach fünf Minuten war es geschafft.
Sogleich sammelte der kleine Lehrer alles ein, was die Kinder geschrieben hatten, und stapelte die Zettel und Hefte vor sich auf. Dann griff er in seine linke Jackentasche und holte einen Stift heraus, der in vielen Farben schillerte.
»Den Stift kenne ich!« rief Karin und erinnerte sich an die Mitteilung, die der kleine Lehrer damit an ihre Eltern geschrieben hatte. »Das ist ein Wunderstift!«
»Ihr werdet euer blaues Wunder gleich erleben!« sagte der kleine Lehrer und tat so, als ob er schrecklich böse sei. Die Kinder merkten aber genau, daß er nur Spaß machte. Er nahm den Stift und schrieb in Windeseile das Blatt, das oben auf dem Stapel lag, vom oberen bis zum unteren Rand voll. Dann steckte er den Stift wieder in seine linke Jackentasche, nahm den Stapel auf den Arm und verteilte die Zettel und Hefte wieder an die Kinder.
Die hatten ihm erstaunt zugeschaut und konnten sich nicht erklären, was das alles zu bedeuten hatte. Wie wunderten sie sich aber, als sie auf die Zettel und in die Hefte guckten, die ihnen der kleine Lehrer zurückgab. Da war doch tatsächlich die ganze Strafarbeit in ihrer eigenen Schrift abgeschrieben.
Sie sprangen auf, wollten Fragen stellen und den Wunderstift noch einmal genau sehen, doch der kleine Lehrer hob energisch die Hand und erklärte: »Wir haben durch diesen Unsinn sehr viel schöne Zeit versäumt. Ich habe euch geholfen. Dafür müßt ihr jetzt mir helfen!«

Mit diesen Worten zog er einen schweren Koffer hinter dem Tisch hervor, den die Kinder überhaupt noch nicht bemerkt hatten. »Ein Koffer voller Sportgeräte!« sagte der kleine Lehrer. »Der Sportplatz hinter der Schule ist frei. Ich habe mich so darauf gefreut, mit euch auf den Sportplatz zu gehen!«

Da gab es kein Halten mehr. Im Nu war er von begeisterten Kindern umringt. Drei stürzten sich auf den Koffer, packten ihn und rannten hinter den anderen her, die bereits an der Klassentür standen und nach draußen drängten.

Doch der kleine Lehrer schaffte es, als erster auf dem Flur zu sein. Er hielt seinen Finger auf den Mund und machte so den Kindern deutlich, daß sie ganz leise durch die Schulflure gehen sollten. Das verstanden sie sofort.

So huschten 31 Kinder zusammen mit einem kleinen Lehrer in einer rotkarierten Jacke und mit einem zitronengelben Hut durch die Schulflure, aus der Tür und schließlich so heimlich und schnell wie Mäuse hinüber zum Sportplatz.

Und dann begann ein Sportunterricht, der den Kindern so viel Spaß machte, daß sie meinten, nie vorher etwas Ähnliches erlebt zu haben. Sie liefen um die Wette, versuchten den kleinen Lehrer zu fangen und lagen zum Schluß zusammen mit dem kleinen Lehrer mitten auf dem Sportplatz, um sich auszuruhen. Aber nicht lange, denn ihm war aufgegangen, daß der Boden noch kalt war und man sich leicht erkälten konnte.

Er jagte die Bande wieder auf, trabte mit den Kindern noch einmal um den ganzen Sportplatz herum, sprang mit ihnen in die Sprunggrube und ließ sich endlich erschöpft vor dem Koffer auf den Boden fallen. »Aufgepaßt, Leute!« rief er, als er wieder zu Atem gekommen

war. »Jetzt kommt die große Siegerehrung!« Der kleine Lehrer stellte sich auf und fragte: »Wer ist am schnellsten gelaufen?«
»Ich, ich, ich!« schrien die Kinder.
»Wer ist am weitesten gesprungen?«
»Ich, ich, ich!«
»Wer hat den größten Spaß gehabt?«
»Ich, ich, ich!«
Und weil alle am schnellsten gelaufen, am weitesten gesprungen und den größten Spaß gehabt hatten, gab es keine Sieger und keine Verlierer. Alle hatten gewonnen. Und gerade das machte ihm und den Kindern Spaß.
Nun packte der kleine Lehrer umständlich seinen Koffer aus und schenkte jedem Kind zwei zwiebelbraune Ostereier. »Mit einem schönen Gruß vom Osterhasen!« sagte er und wurde richtig rot dabei.
Die Kinder jubelten. Ostereier in der Schule hatte es noch nie gegeben. Ja, früher im Kindergarten war das noch anders gewesen. Aber daß ein Lehrer allen Kindern der Klasse Ostereier mitbrachte, das war fast ein Wunder.
»Sie sind so schön!« meinte die kleine Karin.
Olaf fügte hinzu: »Ganz anders als die Ostereier, die wir sonst kennen!«
»Sind das Spezialfarben?« wollte Dagmar wissen.
Knut bewunderte die Muster und erklärte bestimmt: »Die Ostereier esse ich niemals auf. Dazu sind sie viel zu schön!«
Der kleine Lehrer stand mitten unter den Kindern und lächelte. »So haben früher die Osterhasen die Eier gefärbt«, sagte er. »Damals hatten auch die Osterhasen noch viel mehr Zeit!«
Aber weil die Kinder unbedingt wissen wollten, wie die Eier zu dieser wunderschönen Farbe kamen, und weil

sie es selbst ausprobieren wollten, erzählte ihnen der kleine Lehrer von den Zwiebelschalen.
Aufmerksam hatte Ingo zugehört. Er war sonst immer recht zurückhaltend, aber jetzt platzte er heraus: »Bei Ihnen müßten wir auch im Advent Schule haben. Sie wären bestimmt ein prima Nikolaus!«
Alle stimmten begeistert zu, so daß sich Ingo noch steigerte und rief: »Nicht nur ein prima Nikolaus, sondern auch ein wunderbares Christkind!«
Aber das war selbst dem kleinen Lehrer zuviel.
Er forderte deshalb die Kinder zum Eierrollen auf, und bald konnte man ihr Lachen und Schreien bis hinüber zur Schule hören.
Als der kleine Lehrer einmal auf seine silberne Taschenuhr blickte, stellte er mit Erschrecken fest, daß es höchste Zeit war, in die Schule zurückzugehen. In wenigen Minuten waren die beiden Stunden um. Er packte seinen Koffer, schloß den Deckel und lief, so schnell er konnte. Die Kinder suchten ihre Eier und rannten hinter ihm her.
Genau in diesem Augenblick schaute der Direktor aus seinem Fenster, um sich ein wenig von dem anstrengenden Dienst hinterm Schreibtisch zu erholen. Er traute seinen Augen nicht. Da rannten doch tatsächlich etwa dreißig Kinder wild über den Schulhof in Richtung Haupteingang. Sie schrien und grölten und kümmerten sich kein bißchen darum, daß aus dem Fenster des Schulleiters der Direktor mit bitterbösem Blick hinuntersah. Und mitten unter den dreißig Schülern rannte ein kleiner Mann in einer rotkarierten Jacke und mit einem gelben Hut. Er schleppte einen Koffer. Nein, er schleppte ihn nicht, sondern schwenkte das Ding über seinem Kopf und schrie und grölte noch lauter als die Schüler.

Der Direktor knallte das Fenster zu, überlegte überhaupt nicht mehr, sondern raste in das Sekretariat, riß das Mikrofon der Sprechanlage an sich und brüllte hinein: »Der Herr Konrektor bitte sofort zu mir!«
Als der Konrektor angelaufen kam, brüllte ihn der Schulleiter an: »Welcher Kollege hat Unterricht in der 3b?«
»Das steht alles auf dem Plan!« sagte der Konrektor sicher.
Dann standen der Direktor und der Konrektor lange Zeit vor dem großen Stundenplan im Sekretariat und wunderten sich. Sie schüttelten immer wieder ihre Köpfe und konnten es nicht glauben. In der dritten und vierten Stunde war kein Lehrer für die Klasse 3b eingeteilt.
»Das gibt es doch nicht!« schrie der Direktor. »Das darf es doch nicht geben!«
»Da ist der Wurm drin!« sagte der Konrektor trocken.
»Kein Wort mehr!« brüllte der Direktor und lief vor Ärger blau an.
»Kommen Sie! Wir gehen sofort in die 3b!«
»Das wollen wir sehen!« sagte der Konrektor und lief mit schnellen Schritten neben dem Direktor her.
Unterwegs trafen sie noch auf Frau Häferle.
»Mitkommen!« ordnete der Schuldirektor kurz an. Sein Blick war so drohend und böse, daß Frau Häferle keinerlei Fragen stellte und hinter den beiden Männern herlief.
Als sie vor der Klasse 3b angekommen waren, riß der Direktor mit gewaltigem Schwung die Klassentür auf. 31 Kinder drehten sich erschreckt um und starrten ihn fragend an.
»Wo ist der kleine Lehrer?« donnerte der Direktor.
Olaf zuckte bedauernd mit den Schultern und sagte höf-

lich: »Er ist gerade hinausgegangen, als Sie hereinkamen.«
»Unsinn! Verdammter Unsinn!« tobte der Direktor und rannte durch den Flur zurück. Der Konrektor und Frau Häferle folgten ihm langsam. Plötzlich blieb er stehen, drehte sich um und musterte Frau Häferle böse von oben bis unten. Drohend fragte er: »Sagen Sie mal, wie kommen Sie denn zu Ostereiern?« Er hatte nämlich bemerkt, daß die Lehrerin in jeder Hand ein braunes Osterei mit einem Petersilienmuster trug.
Frau Häferle gab keine Antwort, lächelte nur etwas seltsam. Und das ärgerte den Direktor noch mehr.
»Sind wir hier in einer Schule oder in einem Narrenhaus?« brüllte er.
Und wahrheitsgemäß gab ihm der Konrektor die richtige Antwort: »In einer Schule!«
Das ernüchterte den Direktor, und etwas beschämt zog er sich in sein Schulleiterzimmer zurück.
»Ja, ja, so ist das!« meinte der Konrektor zu Frau Häferle und machte sich langsam auf den Weg in seine Klasse.
Frau Häferle aber blieb im Flur stehen, betrachtete liebevoll die beiden braunen Ostereier und lächelte. »Ach ja!« seufzte sie leise. Dann ging sie weiter.

Am Mittwochnachmittag freuten sich 42 Lehrer und über tausend Schüler, daß es nur noch zwei Schultage bis zu den Osterferien waren. Am Mittwochnachmittag berichteten 31 Kinder aus der Klasse 3b ihren Eltern und Geschwistern, ihren Nachbarn und Freunden, daß es einen fantastischen kleinen Lehrer an der großen Gesamtschule gäbe, der ihnen heute sogar zwei besonders schön gefärbte Ostereier geschenkt habe.
Frau Häferle saß in der kleinen Wohnung, die sie zusammen mit ihrer Schwester bewohnte, und schälte ei-

nes der beiden Ostereier. »Willst du mir kein Osterei anbieten?« fragte ihre Schwester. Da gab Frau Häferle ihr das geschälte Ei. »Ja, und du?« fragte die Schwester und biß herzhaft hinein. »Willst du nicht das andere Ei schälen?«

Frau Häferle lächelte verträumt, schüttelte den Kopf und sagte: »Nein! Ich werde es aufheben!«

Am Mittwochnachmittag rief der Direktor beim Schulrat an. »Herr Schulrat«, sagte der Direktor höflich, »schönen Dank für den kleinen Lehrer, den Sie uns noch zusätzlich zugewiesen haben. Aber mir fehlen alle Personalunterlagen!«

»Ich habe Ihnen keinen Lehrer zugewiesen!« stellte der Schulrat fest. »Auch nicht einen kleinen! Ich weiß, daß überall Lehrer benötigt werden, aber die Regierung muß sparen. Da kann keine zusätzliche Planstelle genehmigt werden!«

»Wir haben aber einen zusätzlichen Lehrer!« rief der Direktor. »Einen kleinen Lehrer, etwas über einen Meter groß, mit einem gelben Hut und einem schwarzen Koffer. Wissen Sie, den Koffer schwenkt er manchmal über seinem Kopf!«

Der Schulrat sagte lange Zeit nichts. Dann fragte er: »Wie bitte?«

Jetzt wurde auch der Direktor still.

»Wollten Sie noch etwas sagen?« fragte der Schulrat.

Der Direktor zögerte. Endlich brachte er heraus: »Am Freitag gibt es Osterferien. Das ist Ihnen doch recht?«

Zunächst wollte der Schulrat den Hörer auf den Apparat knallen. Aber weil er den Direktor schon lange Jahre als gewissenhaften und überaus korrekten Mann kannte, sagte er nur: »Ich glaube, es wird Zeit, daß es Osterferien gibt!«

Am Mittwochnachmittag brachte der kleine Lehrer der kranken Kerstin drei der schönsten Zwiebelschalenostereier mit. Kerstin freute sich sehr.
»In welcher Klasse unterrichten Sie morgen?« fragte sie ihn, als er sich verabschiedete.
»Bis zu den Osterferien unterrichte ich besser überhaupt nicht mehr!« sagte der kleine Lehrer nachdenklich. »Ich glaube, ich muß mich etwas schonen!«
»Wir hören von Ihnen am Elternabend!« rief ihm Kerstins Mutter noch nach, als sie ihn zum Gartentor brachte.
»Bestimmt!« sagte der kleine Lehrer und machte sich auf den Weg zur Gesamtschule.

Ein Elternabend

Als die Lehrer und Schüler am Donnerstag in die Schule kamen, hingen an allen Anschlagbrettern Anordnungen des Direktors, die wegen ihrer Wichtigkeit mit dem Dienstsiegel amtlich abgesichert waren.
Der Schulleiter hatte geschrieben:

»An alle Kollegen der Gesamtschule
1. Ab sofort werden täglich zehn Kollegen zur Pausenaufsicht herangezogen. Die Lehrer haben sich mit Pausenbeginn im Pausenhof einzufinden und Aufsicht zu führen. Der Pausenhof ist mit Pausenende zu verlassen. Alle Klassen werden unter Aufsicht in die Pause und aus der Pause herausgeführt.
Pausenaufsicht Donnerstag: Klös, Schneider, Wolf, Lotz, Klages, Groß, Müller, Stolz, Häferle, Richter.
Pausenaufsicht Freitag: Bodenbender, Krüger, Wunder-

lich, Raschke, Zanger, Dentler, Resing, Obermeyer, Stottele, Bergmann.
Alle eventuellen Vorkommnisse sind der Schulleitung unverzüglich zu melden.
2. Die Fluraufsicht wird am Donnerstag wahrgenommen von Pausewang, Müller II, Feuser, Matthiesen, Schmidt, am Freitag von Hecker, Göbels, Staup, Dankert, Wiethaup. Es ist darauf zu achten, daß alle schulfremden Personen sofort erkannt und erfaßt und der Schulleitung unverzüglich gemeldet werden.
3. Zu einem außerordentlichen Elternabend am Freitagabend haben alle Kollegen zu erscheinen.
Der Direktor«

Die Lehrer lasen aufmerksam, machten sich Notizen in ihre Lehrerkalender und nickten bedächtig mit den Köpfen. Sie fragten nicht weiter nach, warum plötzlich alles so streng dienstlich geregelt wurde, weil sie es gewöhnt waren, sich nach amtlichen Anweisungen zu richten. Wenn es auch vielen nicht paßte, daß sie jetzt in den Pausen auf den kalten Schulhof mußten, weil bis dahin immer die jüngeren Kollegen solche Aufgaben hatten übernehmen müssen, so wußten sie doch, daß die Pausenaufsicht zur Dienstpflicht jedes Lehrers gehört, und fügten sich. Auch der Elternabend am letzten Schultag vor den Ferien paßte vielen nicht. Aber weil die Verfügung des Direktors so unmißverständlich war, würde kein Lehrer an diesem Abend fehlen. Der Hausmeister hatte vom Direktor noch persönliche Anweisungen erhalten und flitzte an den beiden letzten Schultagen wie ein Spürhund durch die Schule. Er war einfach überall.
Der kleine Lehrer hatte die Verordnungen des Direktors bereits am Mittwochnachmittag gelesen, als kein Lehrer mehr in der Schule war. Er hatte sich sehr aufgeregt und

fest vorgenommen, am Donnerstag und Freitag in seinem Zimmer zu bleiben. Mit Erstaunen hatte er festgestellt, daß der große Stundenplan im Schulsekretariat geändert worden war. Für Mittwoch in der dritten und vierten Stunde hatte der Direktor sich selbst als Lehrer für die Klasse 3b eingetragen.
Das alles gab dem kleinen Lehrer zu denken. Obwohl er sehr traurig war, daß er jetzt nicht mehr in der 3b unterrichten konnte, mußte er doch anerkennen, daß der Direktor seinen Fehler auf dem Stundenplan entdeckt hatte und sofort eingesprungen war. Deshalb hatte er auch einen kleinen Zettel neben den großen Stundenplan im Sekretariat gesteckt, auf den er geschrieben hatte:

»Herzlichen Glückwunsch zur Stundenplanverbesserung!

Der kleine Lehrer«

Er hatte es sich allerdings nicht verkneifen können, in einem kurzen Nachsatz dem Direktor einen angenehmen Kuraufenthalt zu wünschen. Er hatte nämlich auf dem Schreibtisch im Schulleiterzimmer einen Vermerk gelesen, daß der Direktor eine Kur beantragt hatte, die ihm auch genehmigt worden war. Er würde diese Kur bereits am ersten Ferientag in Wildbad im Schwarzwald antreten.
Der kleine Lehrer hatte auch gemerkt, daß sein Auftauchen in der großen Gesamtschule zum Anlaß zahlreicher Verwirrungen geworden war. Natürlich freute er sich darüber, daß jetzt genügend Lehrer zur Aufsicht auf dem Pausenhof herangezogen worden waren und dadurch weniger passieren konnte. Gleichzeitig fühlte er sich selbst aber auch ein wenig überflüssig. Denn

warum sollte er jetzt noch zusätzlich Aufsicht von seinem Zimmerfenster aus führen?
»Ja, so ist das!« seufzte der kleine Lehrer. »Wenn alles besser wird, wird es für mich wieder schlechter!« Er verschloß sorgfältig das Schulleiterzimmer und das Sekretariat und stieg die Treppen zu seinem Zimmer hinauf. Zwischendurch blieb er stehen, seufzte leise und ging dann langsam weiter. An diesem Abend saß er lange an seinem Tisch. Die Vorhänge waren vorgezogen, so daß kein Lichtstrahl nach außen drang. Vor sich hatte er einen großen Stapel verschiedener Zeitungen liegen. Er studierte aufmerksam die Berichte und Nachrichten und ließ sich auch viel Zeit zum Lesen der Stellenanzeigen. In den letzten Wochen war der kleine Lehrer nicht mehr zum Zeitunglesen gekommen.
Am Donnerstag und am Freitag lief alles wie am Schnürchen. Der Direktor war mit sich und seinen Lehrern sehr zufrieden. Als der letzte Schüler am Freitag die Schule verlassen hatte, sagte er in der kurzen Abschlußkonferenz zu seinen Kollegen: »Ich danke Ihnen, daß Sie Ihre Pflicht so gewissenhaft wahrgenommen haben. Ich bitte Sie, heute abend pünktlich um 20 Uhr zum Elternabend in den großen Versammlungsraum unserer Schule zu kommen. Es muß noch vor den Ferien eine wichtige Frage geklärt werden. Erfahrungsgemäß werden nicht viele Eltern kommen. Trotzdem muß unser Kollegium vollzählig vertreten sein. Ich möchte Ihnen jetzt schon erholsame Ferien und ein gesundes und fröhliches Osterfest wünschen.«
Als Herr Resing wissen wollte, ob man noch etwas von dem kleinen Mann mit dem knallgelben Hut gehört habe, sagte er kurz und bündig: »Wir haben keinen zusätzlichen Lehrer an unserer Gesamtschule, obwohl wir bestimmt noch einige Lehrer nötig hätten. Ich habe mich

auch beim Schulamt erkundigt und die Auskunft erhalten, daß uns kein Lehrer zugewiesen worden ist.« Er blickte kurz zu Frau Häferle hinüber und bemerkte abschließend: »Es muß sich um einen Irrtum oder um ein Mißverständnis gehandelt haben.«
Frau Häferle zeigte keinerlei Regung. Der Konrektor sah seine Kollegen freundlich an und meinte: »Irren ist menschlich! Auch ich wünsche Ihnen erholsame Ferien!«
Damit war die Konferenz geschlossen.
Am Abend wunderte sich das Kollegium über die vielen Eltern, die zum Elternabend gekommen waren. Der große Versammlungsraum war so überfüllt, daß noch Stühle aus den Klassen herbeigebracht werden mußten. So viele Eltern kamen sonst nur zu Klassenelternabenden des ersten und vierten Schuljahres. Aber an diesem Freitagabend sah alles anders aus. Zunächst begrüßte der Direktor die Eltern recht herzlich. Dann hielt der Konrektor einen kurzen Vortrag und berichtete darüber, wie viele Lehrer und Schüler an der Schule waren und was in den letzten Monaten an der Schule geleistet worden war. Er ließ sich besonders darüber aus, daß überall gespart werden müsse und notwendige Anschaffungen vom Schulträger nicht mehr bewilligt würden. Der Konrektor meinte, daß die Eltern monatlich Geld spenden sollten, um zu ermöglichen, daß notwendiges Unterrichtsmaterial für die Schüler angeschafft werden könnte. »Eine solche Elternspende ist an vielen Schulen üblich!« sagte er und setzte sich wieder auf seinen Stuhl in der ersten Reihe.
Bisher waren die Elternversammlungen immer sehr still verlaufen. Der Direktor und der Konrektor hatten gesprochen, die Eltern hatten einige Fragen gestellt, und dann war der Elternabend zu Ende.

Heute war alles wie verhext. Kaum hatte der Konrektor geendet, da begann ein erregtes Geraune und Getuschel, das immer lauter wurde. Es endete damit, daß ein Vater aufstand und nach vorn zum Rednerpult ging. Der Direktor erschrak. So etwas hatte es noch nie gegeben. Bisher hatte immer er selbst am Pult gestanden und die wenigen Elternfragen beantwortet. Das, was jetzt geschah, war ganz und gar ungewöhnlich. Der Vater wartete, bis es leise im Saal geworden war, dann sagte er: »Finden Sie es richtig, Herr Direktor, daß hier eine sehr teure und moderne Schule gebaut wurde, die jetzt, da in ihr unterrichtet werden soll, nicht genügend Arbeitsmaterial für ihre Schüler und nicht genügend Lehrer hat?«

Der Direktor sprang auf, stammelte etwas von Sparmaßnahmen und von amtlichen Anordnungen, doch der Vater ließ ihn nicht weitersprechen.

»Wir sind nicht bereit«, sagte er in das Mikrofon, so daß man es durch die Lautsprecher bis in die hinterste Reihe laut und deutlich hören konnte, »mit einer Elternspende die Versäumnisse des Staates auszugleichen!«

Lautstarker Beifall brandete auf. Es dauerte lange, bis sich die Eltern wieder beruhigt hatten und der Vater weitersprechen konnte.

»Wir wollen, daß unsere Kinder in dieser Schule etwas lernen, damit sie später auch etwas leisten können. Auch der Staat will, daß in dieser Schule die Kinder dazu gebracht werden, daß sie als Erwachsene später eine gute Arbeit verrichten. Der Staat muß also zunächst Geld investieren, er muß für Arbeitsmaterial und für Lehrer Geld einsetzen, damit später die Schüler eine gute Arbeitsleistung erbringen. Von dieser Arbeitsleistung hat auch der Staat Vorteile, denn jeder, der Arbeit leistet und Geld verdient, muß Steuern zahlen. Wer we-

niger gut ausgebildet ist und weniger verdient, zahlt dem Staat auch weniger Steuern. Wer nichts lernt, kostet den Staat auch dann noch, wenn er längst erwachsen ist. Er muß nämlich dann vom Staat, von unseren Steuergeldern, unterstützt werden. Deshalb ist es Sache des Staates, die Schule mit genügend Lehrern und Arbeitsmaterial auszustatten. Ich bin gegen eine Elternspende!«
Erneut brauste lauter Beifall auf. Der Vater ging mit hocherhobenem Kopf zu seinem Platz zurück. Mit großer Achtung sahen ihm viele Eltern nach.
Jetzt schritt der Direktor zum Mikrofon. Er wollte retten, was es noch zu retten gab. »Meine Damen und Herren, so kommen wir nicht weiter. Es geht ja darum, daß wir diese Lehrmittel brauchen, und zwar bald!«
Da stand eine Frau auf, ging mit ruhigen Schritten zum Rednerpult und stellte sich neben den Direktor. Sie griff nach dem Mikrofon, zog es zu sich herüber und sagte: »Dann ist es Ihre Sache, das den zuständigen Stellen klarzumachen! Deshalb frage ich: Wer ist gegen eine Elternspende?« Fast alle Eltern hoben ihre Arme hoch.
»Das ist die Mehrheit!« stellte die Frau fest. »Es wird also in nächster Zeit keine Elternspende geben.« Sie wandte sich an den Direktor neben ihr und fragte: »Habe ich recht?«
Was blieb dem Direktor anderes übrig als zu nicken. »Hat noch jemand eine Frage?« sagte er.
Jetzt kam eine andere Mutter nach vorn. »Ich habe keine Frage, sondern verschiedene Wünsche!« sagte sie. »Diese Wünsche sind nicht allein meine Wünsche, sondern die Wünsche vieler Eltern, die heute hier zusammengekommen sind. Ich habe die Wünsche aufgeschrieben und bitte, daß die Lehrer der Schule sie notieren!«

Das hatte es noch nie gegeben. Die Lehrer saßen wie erstarrt. Da passierte es doch tatsächlich, daß Eltern ihnen ihre Wünsche vortrugen. Das durfte es doch nicht geben.
Weil der Direktor aber merkte, daß er nichts, aber auch gar nichts gegen die Mutter neben ihm ausrichten konnte, und auch spürte, daß die Eltern, die hier versammelt waren, hinter dieser Mutter standen, sagte er nur: »Bitte notieren Sie die Wünsche der Eltern!« Dann ging er zurück zu seinem Platz und suchte in seiner Aktentasche nach einem Block und einem Kugelschreiber.
Die Mutter faltete ein Stück Papier auseinander und las: »Wir haben als Eltern festgestellt, daß unsere Kinder nicht sehr gern zur Schule gehen. Es wird viel Unterricht erteilt, der den Kindern überhaupt keinen Spaß macht. Deshalb lernen sie schlecht!«
Aus der ersten Reihe versuchte der Konrektor, sie zu unterbrechen. »Unterricht ist immer mit Arbeit verbunden. Da muß gelernt werden! Und das Lernen macht vielen keinen Spaß. Wie wollen Sie denn den Kindern etwas beibringen?« Er war richtig böse, und auch seine Kollegen ärgerten sich.
»Ich habe Ihnen keinen Vorwurf gemacht!« meinte die Mutter ruhig. »Ich habe nur festgestellt, daß unsere Kinder nicht gern in die Schule gehen. Wir wissen alle, daß unsere Kinder viel lernen müssen, viel mehr als zu unserer Zeit. Wir wissen aber auch, daß das Lernen Spaß machen kann. Wenn man an der Arbeit Spaß findet, lernt man leichter. Schauen Sie doch einmal zu, wenn der kleine Lehrer unterrichtet. Die Kinder lernen sehr viel. Gleichzeitig macht es ihnen Freude!«
Jetzt hielt es den Direktor nicht mehr auf seinem Stuhl. Er stürmte zum Pult, riß der Frau das Mikrofon aus der

Hand und brüllte: »Einen kleinen Lehrer gibt es nicht an dieser Schule! Das sage ich Ihnen!«
Tobendes Gelächter antwortete ihm.
Jetzt drängten viele Eltern nach vorn. Sie liefen zum Pult und umringten die Frau, bestätigten, was sie gesagt hatte: »Die Kinder freuen sich die ganze Woche auf den kleinen Lehrer!«
»Der kleine Lehrer ist gegen Strafarbeiten!«
»Der kleine Lehrer lacht mit den Kindern, und sie lernen fast von selbst!«
»Der kleine Lehrer besucht die Eltern zu Hause!«
»Der kleine Lehrer kümmert sich um Kinder, die Schwierigkeiten haben!«
»Unsere Kinder sollen bei dem kleinen Lehrer Unterricht haben!«
Es gab eine ganz lange Liste, denn alles, was der kleine Lehrer getan hatte, wünschten die Eltern auch von den anderen Lehrern.
Als endlich wieder Ruhe eingetreten war, sagte der Direktor: »Was Sie wünschen, hat es an dieser Schule noch nie gegeben. Sie sehen also, daß es auch einen kleinen Lehrer nie gegeben hat. Die Kinder haben Ihnen Märchen erzählt!«
Jetzt wurden einige Eltern aber richtig böse. Schließlich hatten Kerstins und Olafs Eltern den kleinen Lehrer selbst zu Besuch gehabt. Der kleine Lehrer, den es überhaupt nicht geben sollte, hatte bei ihnen Kuchen gegessen und Kaffee getrunken.
Der Direktor hatte große Mühe, die Eltern zu beruhigen. Er sagte schließlich: »Ich werde zusammen mit meinen Kollegen über Ihre Wünsche sprechen. Aber vieles von dem, was Sie wünschen, können wir gar nicht tun. Ich frage Sie: Wie kann ein Lehrer alle 35 Schüler seiner Klasse besuchen? Wir haben doch einen Eltern-

sprechtag. Dann können Sie doch in die Schule kommen!«

»Was nützt ein Elternsprechtag einmal im Jahr?« fragte eine Mutter. »Dann stehen 30 Eltern vor dem Klassenzimmer. Einer nach dem anderen kommt dran. Der Lehrer hat wenig Zeit, denn die anderen warten ja vor der Tür. Zudem traue ich mich nicht, dem Lehrer, der mir gegenübersitzt, einfach so alles zu sagen. Er liest mir die Noten meines Kindes vor. Und ich fühle mich so, als hätte ich die schlechten Noten selbst geschrieben! Da bin ich froh, wenn ich wieder gehen kann!«

»Wir wünschen ja nicht, daß jeder Lehrer zu allen Kindern kommt!« sagte ein Vater. »Doch wenn ein Lehrer merkt, daß ein Kind Schwierigkeiten hat, dann sollte er die Eltern zu Hause besuchen. Zudem spricht es sich zu Hause leichter und besser!« Die Eltern im Saal klatschten laut.

Und weil der Direktor an sich ein Lehrer war, der oft an die Kinder dachte, mußte er den Eltern eigentlich recht geben.

Deshalb sagte er wieder: »Ich werde das mit meinen Kollegen durchsprechen. Wir werden überlegen, was wir tun können!«

»Wir wollen für unsere Kinder den kleinen Lehrer!« schrie erneut eine Mutter aus dem Saal zu ihm herauf.

»Wir wollen, daß auf dem Schulhof bessere Pausenaufsicht geführt wird!« rief ein Vater.

Und ein anderer fügte hinzu: »Seit der kleine Lehrer hier ist, sind sogar zehn Lehrer auf dem Pausenhof!«

Jetzt hatte der Direktor endlich etwas, womit er sich aus der Affäre ziehen konnte. »Das ist nicht das Verdienst des kleinen Lehrers!« rief er. »Das habe ich selbst angeordnet. Hier steht es!« Und er las seine Anordnung vor.

Die Lehrer, die in den ersten Reihen saßen, hatten während der gesamten Diskussion zugehört. Manchmal hatten sie den Kopf geschüttelt. Aber oft hatten sie den Eltern auch recht geben müssen. Schließlich hatten viele Lehrer ja selbst Kinder und wußten, daß die sich oft beklagten. Bisher hatte aber keiner versucht, etwas zu ändern. Da mußte schon ein kleiner Lehrer kommen, den es eigentlich überhaupt nicht gab. Jedenfalls behauptete das der Direktor, und der wußte es amtlich.
Plötzlich stand Frau Häferle auf und meldete sich. Der Direktor winkte ihr zu und sagte: »Kommen Sie bitte ans Mikrofon, Frau Häferle!« Den Eltern verkündete er: »Eine Kollegin spricht jetzt zu Ihnen!«
Frau Häferle war sehr aufgeregt. Zuerst mußte sie einmal tief Luft holen, aber dann sagte sie: »Liebe Eltern! Ich habe heute abend viel nachgedacht und muß sagen, daß Sie wirklich recht haben. Wir hatten so viel mit uns selbst zu tun, da mußten unsere Schüler leider oft zu kurz kommen. Sie haben recht: In unseren modernen Schulen wird kaum noch gespielt und gelacht. Sie und ich, wir alle haben dann, wenn wir erwachsen sind und einen Beruf haben, nur noch wenig zu lachen. Oft sind wir aber auch selbst schuld daran. Wenn ein Lehrer nicht mehr lachen kann, dann haben es seine Schüler schwer. Wir müssen alle wieder lachen lernen.« Sie dachte eine Weile nach, wollte schon wieder zu ihrem Platz zurückgehen, nahm dann aber noch einmal das Mikrofon. »Was Sie wünschen, liebe Eltern, ist richtig. Es ist deshalb richtig, weil Sie und wir gemeinsam die Kinder erziehen wollen. Sie machen dabei bestimmt auch manche Fehler. Den Lehrern geht es ebenso. Aber wir alle können aus unseren Fehlern lernen. Ich will versuchen, es anders zu machen. Ich danke Ihnen, daß Sie mir heute abend geholfen haben.«

Als Frau Häferle hörte, wie lang und herzlich die Eltern klatschten, wurde sie ganz rot, so peinlich war es ihr. Aber als sie verstohlen zu den anderen Lehrern hinüberblickte, stellte sie erfreut fest, daß eine ganze Reihe ihrer Kollegen ebenso laut und kräftig klatschte. Sogar der Direktor klatschte und schaute sie aufmunternd an. Und als sie über die Köpfe der Eltern hinwegblickte, nach hinten zu der Stelle, wo die Saaltür war, da stand dort ein kleiner Mann mit einem zitronengelben Hut, nickte ihr zu und klatschte wie wild mit seinen kurzen, dicken Händen. Im nächsten Augenblick war er verschwunden.

Der Direktor ging wieder zum Mikrofon. »Ich danke Ihnen allen, daß Sie so ehrlich Ihre Meinung gesagt haben!« sagte er ruhig und sachlich. »Leider erfahren wir Lehrer die Wünsche und Meinungen der Eltern sehr selten. Das ist schon etwas ganz Besonderes, auf das wir alle sehr stolz sein können. Wir Lehrer werden über alles sprechen und versuchen, vieles besser zu machen. Ob es uns immer gelingt, wissen wir nicht. Aber versuchen wollen wir es. Bei der nächsten Elternversammlung werden wir wieder darüber sprechen!«

Als die Eltern aufstehen wollten, hielt der Direktor sie noch einen Augenblick zurück. »Ich möchte noch etwas zu dem kleinen Lehrer sagen«, meinte er. »Obwohl ich ihn persönlich nicht näher kennengelernt habe, hat er mich sehr beeindruckt. Ich bedaure es sehr, daß es einen solchen Lehrer amtlich nicht an unserer Schule gibt!«

Die Eltern klatschten laut, dann verließen sie, sich noch angeregt unterhaltend, den Raum.

Die Lehrer umringten den Direktor und fragten: »Gibt es den kleinen Lehrer nun, oder gibt es ihn nicht?«

Der Direktor schaute sie an, grinste so, daß man nicht wissen konnte, ob er wirklich das meinte, was er sagte:

»Es gibt ihn, und es gibt ihn nicht! Ich jedenfalls fahre morgen zur Kur nach Wildbad in den Schwarzwald!«
Der kleine Lehrer hatte an diesem Abend zunächst vor der Saaltür gestanden. Weil er aber nicht alles verstehen konnte, was gesagt wurde, hatte er sich vorsichtig in die hinterste Ecke des Raumes geschlichen und zugehört. Manchmal war es ihm sehr peinlich, wenn er hören mußte, wie sehr er von den Eltern gelobt wurde. Er gab sogar dem Direktor recht, denn amtlich gab es ihn ja wirklich nicht, höchstens als Lehrer mit Ruhegehalt. Aber das konnte der Direktor ja nicht wissen. Als dann Frau Häferle ihre Rede gehalten hatte, hatte der kleine Lehrer feste Beifall geklatscht und war dann aus dem Saal geschlichen und hatte sich in sein Zimmer zurückgezogen.
»So ist das«, sagte er zu sich selbst, »wenn es richtig schön wird, muß ich gehen!« Er setzte sich an seinen Tisch, holte aus der Schublade Briefpapier, einen Stift und begann, an das Besoldungsamt der Regierung zu schreiben:

»Personal-Nummer K 1242
Betr.: Änderung der Überweisung meiner Dienstbezüge (Ruhegehalt)
Bitte schicken Sie mein Geld künftig an die Sparkasse auf Helgoland!

Mit vorzüglicher Hochachtung«

Als er den Brief unterschrieben hatte, steckte er ihn in einen Umschlag, schrieb die Anschrift darauf und klebte eine Briefmarke in die rechte obere Ecke. Dann steckte er den Brief in seine Jackentasche. Er packte die Sachen, die ihm am allerliebsten waren, in die beiden Koffer. Auch das Bild, das gegenüber seinem Bett ge-

hangen hatte, packte er ein. Dazu das Erinnerungsalbum, die alte Kaffeekanne, die Tasse mit der Untertasse, das Bettzeug, drei Ostereier und zwei Päckchen Gänseblümchensamen. Dann putzte er gründlich das Zimmer, trug die Koffer auf den Flur und schloß die winzige Tür sorgfältig ab.
Er verschloß auch den Abstellraum und ging dann ganz langsam und bedächtig die Treppe hinunter bis zur Schultür. Als er die Tür hinter sich verschlossen hatte, schritt er mit seinen Koffern über den Pausenhof bis zur Wohnung des Hausmeisters. Dort blieb er stehen und holte den Hauptschlüssel der Schule aus seiner Jackentasche. Den Schlüssel steckte er in einen Umschlag. Er klebte den Umschlag zu und schrieb mit seinem Stift darauf: »Schlüssel mit herzlichem Dank wieder zurück! Viele Grüße und alles Gute! Der kleine Lehrer!«
Dann legte er den Umschlag mit dem Schlüssel auf die Fußmatte vor der Tür der Hausmeisterwohnung.

Immer wenn es Ferien gab, konnte der Hausmeister in der ersten Nacht nicht gut schlafen. Als er in dieser Nacht aufwachte, stellte er sich ans Fenster, um noch ein wenig hinauszuschauen.
Da sah er, wie ein kleiner Mann mit einem gelben Hut und zwei schweren Koffern auf das große Schultor zusteuerte. Der kleine Mann war offensichtlich aus der Schule gekommen. Der Hausmeister wunderte sich sehr und war nicht fähig, sich zu rühren. Mit offenem Mund sah er, wie die kleine Gestalt mit dem gelben Hut am Eingangstor einen Augenblick verweilte, seine Koffer abstellte, sich noch einmal nach der Schule umsah, leicht mit der Hand winkte, dann aber entschlossen die Koffer wieder aufnahm und durch das Tor hinausging. Der Hausmeister sah der kleinen Gestalt nach, bis er sie

nicht mehr sehen konnte. Ihm war ganz seltsam zumute, auch ein bißchen wehmütig.
In dieser Nacht stand der Hausmeister noch lange an seinem Fenster und dachte nach.
»Cerox!« rief er endlich. »Cerox, wo bist du denn?« Da kam der Hund durch das Eingangstor gelaufen. Cerox hatte den kleinen Lehrer zum Bahnhof begleitet.

Ein Nachwort des Schulrats

Weißt Du,
ich kenne den kleinen Lehrer schon seit einiger Zeit, und ich bin sehr froh, daß Rolf Krenzer mich mit ihm bekannt gemacht hat. Er ist wichtig für mich geworden, dieser kleine Lehrer, wichtig, weil er mir geholfen hat, über mich und die Schule, mit der ich viel zu tun habe, zu lernen.
Manchmal kann ich richtig mit ihm lachen, wenn er von seinen Erlebnissen erzählt, und bisweilen träume ich sogar, daß ich selbst der kleine Lehrer sei oder daß es mir gelingen könnte, wie er zu handeln.
Manchmal bin ich aber auch ärgerlich über ihn geworden; denn ich bin ja ein Mann aus der Schulverwaltung, mit der der kleine Lehrer sehr kritisch umgeht. Sicher kannst Du Dir denken, daß es mir dann nicht angenehm ist, wenn der kleine Lehrer mir sagt und zeigt, daß auch ich dazu beitrage, daß die Kinder und Lehrer in der Schule nicht mehr so recht fröhlich miteinander sein können. Das war so schlimm für mich, daß ich ihn manchmal fast mißverstanden hätte.
Aber beim Weiterlesen gelang es mir doch, zu begreifen, daß der kleine Lehrer mir nicht sagen will, daß ich ein Verwaltungsmann bin, der etwas böswillig verkehrt macht. Statt dessen zeigt er mir, daß ich Fehler mache wie alle, die Lehrer, die Kinder, die Eltern und die Leute aus der Schulverwaltung. Und ich denke, er zeigt es mir, weil er glaubt, daß ich aus den Fehlern lernen kann, wie das die Eltern, die Kinder, die Lehrer und die Verwaltungsleute auch können. Seit ich das begriffen habe, habe ich meinen Ärger überwunden und kann wieder mit dem kleinen Lehrer lachen, indem ich genau auf das höre, was er sagt.

Ich sehe wieder Möglichkeiten und habe eine Hoffnung, daß sich so vielleicht Wege auftun, das zu überwinden, was uns alle heute in der Schule bedrückt:
daß wir voll Angst miteinander umgehen,
daß wir unsicher sind und
daß wir nicht so recht miteinander sprechen können.
Ich wünsche mir, daß der kleine Lehrer auch Dein Freund werden wird, mit dem Du lachen kannst, auf den Du wütend werden kannst und mit dem Du gemeinsam lernen kannst.

Eberhard Heyn

Klassiker der Weltliteratur – Klassiker der Kinderliteratur